LES GAUDES

HENRI BOUCHOT

LES GAUDES

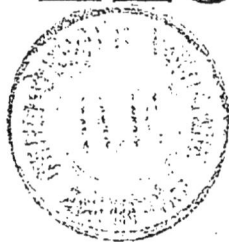

Poésies patoises

(AVEC UN DESSIN DE JEAN GIGOUX)

BESANÇON

LIBRAIRIE CH. MARION, MOREL ET Cⁱᵉ

1883

A CHARLES GRANDMOUGIN

Mon cher poëte,

Vous êtes le poëte des GAUDES, vous avez excellem‐
ment chanté notre province dans votre belle pièce lue au
premier banquet. On peut dire que par elle vous avez
fait les GAUDES, comme nos ménagères activent la ra‐
sure du mets national par le bon lait qu'elles y jettent.
A ce compte je deviens le fils de vos œuvres, car si j'ai
pu publier aujourd'hui ce petit volume, c'est grâce à
cette première belle pièce dont je n'ai su faire pour mon

compte que la caricature, caricature dont on a bien voulu rire, comme on rit de toute bouffonnerie.

Permettez-moi donc, mon cher poète et excellent camarade, de mettre votre nom en tête de ce petit livre inoffensif comme un témoignage de sincère et profonde sympathie.

H. BOUCHOT.

PRÉFACE

———

Les pièces patoises qui vont suivre n'ont point
de prétention. Elles ne visent ni à la poésie, ni à
l'esprit, ni au bon goût. Elles sont œuvre de paysan
comtois perdu, avec tant d'autres, entre la Seine
et le Boulevard, et n'ont été composées que comme
ressouvenir du pays, bien plutôt à cause de la rude
musique qui se dégage de ces mots, que pour le
fonds de l'*histoire*. Car il y a une réelle poésie à en-
tendre ces vieux termes, ces vigoureuses tournures,
quand tout le jour on a l'oreille frappée des dis-

sonances cosmopolites de Paris; et les Bisontins
bisontinant, qui ne s'expliquent peut-être point très
bien l'utilité de semblables vers, n'arriveront à com-
prendre ce sentiment qu'après un long exil, ou un
séjour permanent loin de leur beau pays. Pour mon
compte, je n'ai commencé à parler ce langage si
particulier et si personnel, et n'ai tenté de l'écrire
qu'après trois ans de Paris; en fermant les yeux,
je revoyais tant de choses disparues, tant de rêves
envolés !

Plusieurs des pièces qui suivent étaient faites
quand mon ami Robert eut l'idée de fonder les
Gaudes, mais elles étaient toujours restées soigneu-
sement enfermées dans un meuble, comme ces *bi-
nious* que possèdent les Bretons de Paris, et dont
ils jouent parfois à la dérobée deux ou trois notes
émues. J'avais ainsi composé les *Conscrits de Ve-
lotte* pour un de mes conscrits, les *Pompiers de
Saint-Ferjeux* pour moi, en souvenir d'une bonne
histoire; j'avais écrit la *Josette* pour attendrir un
vieux rocher de parent dont la pauvrette avait été
bonne pendant 15 ans. Plusieurs autres patoiseries,
d'une note paysanne trop crue et qui n'ont pu

trouver place dans ce recueil, avaient été aussi composées, toujours dans le même but de pouvoir être relues de temps à autre, afin de se rappeler le pays. Les *Gaudes* une fois fondées avec le succès que l'on sait, et grâce aux beaux vers de notre cher Grandmougin, il me vint l'idée de faire une pièce comtoise : on voulut bien m'encourager à cause de cette rudesse de langage et de ce vieil accent bousbot que tous avaient entendu là-bas ; encouragement inconsidéré ! Je fis d'autres pièces, beaucoup d'autres pièces, je les lus presque toutes avec un enthousiasme croissant, et cherchant à me figurer que l'on riait peut-être un peu d'autre chose que de l'accent ; j'en prenais une fatuité charmante, quand je me mis à relire les vieux noëls.

Ceci jeta beaucoup de neige sur mon feu ; il fut aux trois quarts près de s'éteindre, en dépit de la note religieuse un peu monocorde de ces poésies. Il y avait dans ces choses charmantes un *bisontinisme* tel, que je me trouvai un maigre Barbisier. Jusque-là j'avais évité d'ouvrir trop souvent ces vieux livres, pour ne point m'en inspirer outre mesure ; ma lecture, venant après une étude assez longue, en fut d'autant plus fructueuse et plus décourageante. J'étais tenté de dire avec le bonhomme :

> Pa ! Couisâs-vous, êcoutas cte musique...
> Pa ! Couisas-vous, causeriz-vous toujou ?
> Voites-vous pas cette troupe Angelique ?
>   Due ! que le chante bin
>   I cret, I cret
>   Que le pale laitin !

Non ce n'était pas du latin, mais c'était pour moi quelque chose de bien plus exquis, de bien plus franc que ne pouvait l'être cette langue morte par où l'on va à l'Académie. Bon vieux patois sans façon, bon garçon, fûté, acéré, par lequel ou bien l'on nargue son adversaire, ou l'on exalte un ami sincère, langage doux et dur, qui te perds beaucoup trop, qui désertes même la vieille ville où tu pris naissance, tu m'es apparu un jour à Paris, comme une de ces reliques des Troyens prisonniers des Grecs, chez lesquelles ils retrouvaient un parfum du pays perdu ! Je joue de toi de temps à autre, ainsi que de plus heureux font du piano, mais avec cette différence que le piano, hélas ! s'entend partout en France et même en Chine, et que l'on ne te trouve presque plus, toi, vieux jargon, affreux patois, effroyable charabia, musique délicieuse.

Telle est donc la genèse de ces *patoiseries* qui ne méritent assurément point un si long acte de naissance. D'ailleurs, suivant ce qui arrive parfois, l'humilité de leur origine leur a valu un haut patronage. Je rends grâce ici de toutes mes forces de père au parrain de mes enfants, à M. Jean Gigoux, le grand artiste qui a ri le premier en vrai Bisontin, à M. Marquiset, à mon confrère M. Beauquier, dont l'érudition ne se lasse point au milieu de travaux moins gais, à M. le général Lamy, qui tous ont bien voulu hâter la publication du recueil. Je n'oublierai personne quand je dirai que de A jusqu'à Z je n'ai trouvé sur la liste des *Gaudes* que des noms bienveillants et des souscripteurs bénévoles. C'était bien tentant, je l'assure.

Je fus tenté et je livrai le petit livre à l'impression. Il marcha le *grand tranquille* et le *petit doucement*, pour parler comme chez nous, car en province les bons ouvriers sont rares, et M. Dodivers

est consciencieux. Après bien des arrêts, le voici
complet, un peu mince, mais élégant, contraire-
ment à la rudesse des manières et des habits qu'il
prône. Il y a bien en ceci un manque de logique,
mais Proudhon l'a dit un jour, il vaut encore mieux
cela que de présider la société protectrice de l'en-
fance et de mettre son fils au Tourniquet.

  Maintenant la langue de ces *patoiseries* est-elle
une langue, c'est-à-dire un dialecte anciennement
formé en parallèle avec le français, ou bien un pa-
tois, c'est-à-dire une déformation populaire des
mots français suivant certaines habitudes locales ?
Elle est l'un et l'autre. Elle a même peut-être en
plus quelques souvenirs de la domination espa-
gnole, mais excessivement peu. En tout cas, elle
n'est point sortie du grec, suivant une opinion fan-
taisiste et dont la philologie moderne a fait bonne
justice. Elle vient tout naïvement et tout uniment
du français, dont elle nous a d'ailleurs conservé
plusieurs archaïsmes ; elle vient un peu aussi, mais
avec quelles vicissitudes ! du latin barbare des xe
et xie siècles, puisque certaines expressions ne peu-
vent s'expliquer que par étymologie, et ces expres-

sions, qui n'existent pas en français, montrent bien le patois ou le dialecte comtois marchant de pair avec celui de France à ses débuts. Depuis le français a triomphé. Il triomphe déjà au XIIIe siècle, puisque les chartes franc-comtoises sont en français; et peu à peu la langue se déforme dans le peuple, conservant chez les uns ses sonorités latines perdues par le français, et les remplaçant chez les autres par des équivalents parfois extraordinaires.

Il n'entre pas dans notre idée de discuter longuement ici ces données. Il nous suffira d'expliquer que le patois écrit n'a pas plus de deux cents ans d'existence, bien qu'il se fût parlé beaucoup plus anciennement. Le premier qui ait tenté l'aventure est le P. Prost, capucin; le second, et le plus populaire, est l'imprimeur Gauthier.

Aucun n'arrêta l'orthographe patoise, et ils se contentèrent d'écrire un peu au hasard leurs charmantes pièces, sans autre souci de la forme des mots. Ils rendent, il est vrai, assez adroitement les mouillures particulières au patois en empruntant au provençal l'*h* mouillée. Ils écrivent *poëthe* qu'il faut prononcer *pouthe*, en mouillant le *th* comme en provençal dans *senhor* (segnor), *Carvalho* (carvaillo), mais ils notent mal l'*l* adoucie à l'italienne, *bianc* pour *blanc*, *bianchi* pour *blanchi*. Cette orthographe a, en effet, le désavantage de faire confondre certains mots entre eux. En dépit de la bizarrerie du procédé, nous avons noté cette mouillure par la double *l* espagnole des mots *llaga*, *llamada*, *llano*, etc., et nous écrivons *bllanc*, *complliment*. Suivant la méthode de Gauthier, il est impossible d'écrire *complliment*.

En thèse générale, nous écrivons : *tablleaux*, *oncllot* (au lieu de *onquiot* de Gauthier) en conservant ainsi l'*l* originelle. Nous notons par le *th* la mouillure du *t* dans *pouthe* (porte), *môthe* (morte), *couthi* (courtil, jardin). Nous faisons une différence essentielle entre les finales *pî* (pied), *pompî* (pompier), *chairretî* (charretier) et *outhie* (ortie), *Julie*, etc. Gauthier confondait ces mots qu'il faisait rimer entre eux et qu'il écrivait de même. C'était une faute grave. Nous écrivons cependant *pompie*, *escalie* dans l'intérieur du vers, quand l'*e* final peut s'élider. De même nous écrivons dans les verbes à l'imparfait, *Y pâloue* (je parlais), ou bien *Y pâloû*, suivant qu'il est possible d'élider ou non la finale.

Dans les verbes à l'infinitif, nous marquons sur la voyelle finale l'absence de l'*r* par un accent circonflexe : *aimâ, poussâ, courî ;* nous marquons de même l'*r* dans les mots *pâ* (viande, chair, part), *cainâ* (canard), etc. Le patois fait sentir à l'anglaise l'allongement de la syllabe où se rencontre l'*r*. Les Anglais disent *lôô* pour *lord*, les Comtois disent *pââ* pour *part*.

Nous avons toujours cherché à nous rapprocher dans l'orthographe de la forme primitive française. Nous écrivons *Y seus* (je suis), avec une *s*, bien que nos devanciers eussent couramment mis *seu*. Nous écrivons aussi *vés* (vers), *pés* (pis), *ost* (est), Nous écrivons *il ils* au lieu de *i is*, parce que ces mots se prononcent exactement comme dans le langage familier français *ils ant bin mîngi*, prononcez *i z'ant.....*

Nous avons employé l'Y majuscule à la première personne pour éviter les confusions. *Y* veut donc toujours dire *je*. Avec une apostrophe, il empiète sur le mot suivant, *Y' aimoue,* prononcez *yaimoue*.

Minuscule, c'est l'adverbe *y* : *y' en ait* (il y en a).

Telles sont les principales notations orthographiques établies pour ce recueil. La philologie française nous a un peu servi à formuler ces petites règles qui n'ont pas la prétention d'être impeccables ; sans renoncer à revenir un jour plus en détail sur ce sujet, je me hâte de terminer cette introduction déjà bien longue, en appelant de tous mes vœux les petites — pas les trop grosses — critiques de détail. Et je clos ce bavardage en remerciant humblement tous mes excellents amis des *Gaudes* de leur charmant et encourageant accueil : je ne nomme personne parce que tous, tous ont mes dévouements acquis et mes sympathies ouvertes au *grand large*.

HENRI BOUCHOT.

ODE A LA FRANCHE-COMTÉ

(LANGUE DU XVIᵉ SIÈCLE)

—————

A mon ami Ulysse ROBERT, auxiliaire
de l'Institut, fondateur des *Gaudes*.

Doulx païs de ma Comté
    Où l'Esté
Donne ès costeaux grappe meure,
Champs fertiles, mon desduict
    Me conduict
A chanter vostre germeure.

I

Mais ne cuyday mie oser
  Parfraser,
Et prendre trompette grande ;
Petit suis et rien ne peux
  Ne ne veux
Faire, sinon gente offrande.

Point n'iray m'esgousiller
  Pour briller,
En nombre des haults poëtes,
Paysan suis pauvrelet
  Et seulet,
Qui descris mes chansonnetes.

Grandment me fus-je esbahis
  Des païs
Que pour puissants on renomme,
Es parts estranges allai
  Et parlai
A très nobles races d'homme.

Je veis Normants et Bretons
  Rejetons
De très anciens, sans mensonge ;
Je veis Tourainè et Poictou
  Puis l'Anjou
Et l'Aulnis ou la Xainctonge.

Je veis Béar, Rossillon,
        Pavillon
D'où France parle à l'Espaigne,
Et Prouvence et Languedoc
        Et Médoc !
Comtat, Lyonnois, Champaigne...

Oh ! quantes fois murmurai
        Et plourai
Les bonnes d'entre mes larmes,
Doulcet païs préféré
        Désiré,
Quand mis fus loin de tes charmes !

Doubs, fleuvelet, t'escoulant
        Indoulent
Parmy roches graniticques,
Versant ta liquide humeur
        Frays dourmeur,
Aux pieds des chasteaux anticques.

Oncques ne veis ton greigneur
        Vieil seigneur,
N'odourance si tant saine,
Loire large et Rhin proufond
        Que me font ?
Ou foulastremens de Seyne ?...

Qu'est à moi Paris très hault ?
Que me chault
Son Louvre tant magnificque ?
Que me dient palais, travaux,
Ou chevaux
Traisnant prince honnorificque ?

A moy paouvre d'esprit
Me soubrit
Petit angule de terre
D'où les meschants m'ont chassé
Et poussé...
Son doulx seurnom je vueil taire.

Et vers les champs de Comté
M'ont pourté
Mes soubvenirs et m'entente...
Un Dieu me baille loisir
D'y gésir
Après mort, c'est mon attente !

A MONSIEUR JEAN GIGOUX

L'UN DES PÈRES DES « GAUDES »

———

Y m'en seus aivu dimanche passâ
Chû monsieu Gigoux parqui su lou sâ
    Pou li souaitâ l'heure :
— « Bonjou bîn monsieu ! — « Bonjou mon garçon. »
— « Y seus Franc-Comtois de vé Besançon,
    Né nâtif de Beure. »

— « Très bîn, que me dit, aissetâ vous qui. »
— « Monsieu, qu'Y li fâs, vous êtes parqui
        Prou de mairchandise !
Jeus ! las bés foûteuils, lai bâlle môson !
Et tous ças tâblleaux, sans comparaison
        Pus que dans n'égllise.

« Gôs ! Tous ças poultraits que caichant lou mur !
Ç'ost das grous bonnets tout çoulai bîn sûr
        Ç'ost das airchevêques,
Ç'ost das mairéchaux, ç'ost das gèneraux
Et peu das préfets que fant lleus farauds,
        Et das saints aivecques.

« Vous en és mai fi prou pou tous lâs gouts ! »
Main ce n'ost pas tout, chû monsieu Gigoux
        On n'en ost pas laidre,
Et depeu lai caive ou fond di soulî
Dans las quarts-en-coins et peu l'escailî
        On bousquigne în caidre.

— « Jeus ! ç'ost vous, monsieu, que fâtes çouqui ?
Qué gentite fânne êtes vous fâ qui ?
        Lai poure gaichote !...
Ç'ost lai Jeânne d'Arc ?... Ouais ! lai poure offant !
Erregaidha me, las angeots li fant
        Enne raicontote.

« Main Y cougnaissais ceux de Besançon :
Quand Y'etoû peteut, bonsoi lai leçon !
    Y'ailoue au Musée ;
Lou monsieu qu'ost lai, me montrâ das fois
Lou Naipôlion que chauffe sas doigts
    Devant ne brasée.

« Et peu lou tout vêil que s'en vait môriant
Que das gens dourés pouthant en priant
    Devant dous trôs prêtres ;
Mon oncllot François, qu'etâ fôt en art,
M'ait dit que c'étâ lou grand Léonard
    Lou pus grand das maîtres.

« Ç'ost donc vous, Monsieu, que faisîns çoulai ?
Mon oncllot François me disâ pa lai :
    — « Voiqui ten moudèle :
Gigoux n'étâ ran, lou poure luron !
Y'a vu sen papa qu'étâ fourgeron
    Vé lai citâdelle.

» Eh bîn, aujedheu, l'ost bîn étâbli
Il fâ das poultraits, faut fare c'ment li,
    Ententes, Mimile ?... »
Y'aivoû bîn proumis, ollâs, de tentâ,
Main las moi, Monsieu, y seus troup bêta ;
    Y'a raitâ lou mille.

« Et voiqui pouquoy qu'Y restais chû nous
Airousant mas pois et pllantant mas choux...
    Y. n'en seus pas cause...
Ollâns y, Monsieu, trînquant coû ne fois,
Tout ai lai santâ das veils Francs-Comtois,
    Ç'ost pou llius qu'Y cause ! »

22 août 81.

LES GAUDES

———

A mon vieil ami Henri Chapoy, secrétaire
des *Gaudes*.

Y n'viniais pas vantâ Pairis
Y'ait prou de gens dans las gâzettes
Que vant chantant ai jouniâs faites
Das ment's ai crevâ las bec-fis
Ç'ost touj' Pairis leut ritournelle
Ç'ost Pairis qu'ait tous las êsprits
Aiprès lliu faut tirî l'aichelle
Pa chi, pa lai, toujou Pairis.

Nous arî, nous mettans das bllaudes,
Nous n'vans pas payî chû Bignon
Vingt-cînq frâns ne soupe ai l'ougnon,
  Nous fans das gaudes!

Er'gaidha me las gens d'Pairis,
Que vant trat'lant c'ment das ivrougnes,
Encou se ils aivint das trougnes
Ou lliu d'leut naz d'paipîs moisis.
Voiqui-t-il pas das bés moudèles,
Et sous leut tas de bés haibits,
Ils ant leut pé pllein' de flainelles
Jésus Maria! Ost-tu permis?...

Nous arî, nous mettans das bllaudes,
Nous n'ans pas poû das coulans d'air,
Et pou nous chauffâ en hiver,
  Nous fans das gaudes!

C'qui mînge das llievr's et das pedrix
Pou se refare în p'tèut las moelles,
C'qui boit das tâs de manivelles
Pou se r'bringuâ las abattis.
Jeus! Poure offant, ost-tu poussible?...
Ollâ mas bés monsieus d'Pairis
Vous grisî d'en' faiçon terrible
D'aivoû dous lliâs d'molâ-cassis!

Nous arî, nous mettans das bllaudes,
Nous ans le p'teut vîn d'Trôs-Châtés,
Et se nous n'mîngeans point d'pâtés,
Nous fans das gaudes!

Dâs fois c'qui prend n'air de mépris
En pailant das gens d'nous prouvînces;
Ç'ost certain, nous n'sans pas das prînces,
C'n'ost pas bîn pouthâ dans l'pays.
Mais nous n'boudans pas su lai b'sougne,
Et tés qu'nous sans, nous ans nout prix;
Vous sâtes bin qu'las fourtes poûgnes
Viniant de B'sençon ai Pairis.

Voiqui pouquoy nous ans das bllaudes,
Pouquoy nous sans tous réunis,
Ou bé mitan d'vout bé Pairis
Devant das gaudes!

Mai 1881.

VERS LUS

A

M. GÉROME

(MEMBRE DE L'INSTITUT)

à la séance des Gaudes *du 2 juin 1881*

––––––

MONSIEU GERÔME

Ç'ost lou bureau das Franc-Comtois
Que vînt vous fare en son paitois
    Monsieu Gérôme
In peteut bout de complliment,
Pou aivoi dinquîn in moûment
    Oubliâ Rôme,

Oubliâ l'Aifrique ou ciel blleû
Las mouezîns invouquant Dieu,
  Las antipôdes
Pou venir ou mitan de nous
Ai l'heure de nout rendez-vous
  Mingî das gaudes.

Monsieu Gérôme, nous voiqui
Enne cinquantaine parqui
  Qu'ant lai mémoire
Das bés tâblleaux que vant pairtout
D'în bout di monde ai l'autre bout
  Pouthâ vout gloire.

Nous cougniaissans tous ças Roumaîns
Que virant lou pouce das maîns,
  Peu las *Augures*
Qu'ant sû lai tête das colots
Et riant devant las poulots
  De lleus figures.

Nous cougniaissans las coups de crocqs
Que se baillant dous poures cocqs
  Pou lai victoire,
Et peu l'aivoucât que r'outait
Ai lai *Phryné* son bllanc pantet
  Dans lou prétoire...

Voiqui *Cleoupâtre,* que cret,
Repranre Antoune en son filet,
  Lai poure fôlle !
Ou *Diougène* dans lou chenil
Faisant cllairî dans în bairil
  Enne chandolle.

Mon Due, Y n'en finiroû pus
Se tous vos tâblleaux qu'Y a vus
  Et qu'en renômme,
Me coutînt qui dous mâchants vers
Y vous bailleroû sû las nerfs
  Monsieu Gérôme.

Paidounia me donc men paitois
Y ne seus qu'în poure Comtois
  Tout fier de dire :
Monsieu ai vout boune santé
Ou nom de lai Franche-Comté
  Que vous aidmire.

LA RESSEMBLANCE ET LA DIFFÉRENCE

A P. TESTE.

Las ouillots peu las sciençoux
Ant das pllumes tous las dous,
Voiqui lai ressembllance ;
L'ouillot las champe en courant
Et peu lou sciençoux las prend,
Voiqui lai différence !

2

Las fânnes et lleus mairis
Se fant das aimis chéris,
Voiqui lai ressembllance ;
Lai fânne en ouvrant n'œil doux,
L'houme en las fremant las dous,
Voiqui lai différence !

L'aivoucât, las charlatans
Nous fant pâdhre bin di temps,
Voiqui lai ressembllance ;
Lou charlatan, ç'ost gratis,
Main l'autre en prend bin poù dix,
Voiqui lai différence !

Las crôs peu las foussoyous
Mîngeant las môrts tous las dous,
Voiqui lai ressembllance ;
Las darîns las encrouttant,
Main las crôs las décrouttant,
Voiqui lai différence !

Las rentîs peu las gouris
Sont tous las dous bin nourris,
Voiqui lai ressembllance ;
Main quand ils s'en sont ollâs,
On las ait vite aivôlâs,
N'y ait pas de différence !

LAS COUNSCRITS DE VELOUTTE

(SOUVENIRS FRANCS-COMTOIS)

————

A E. Courbet

Nous ans fâ lou diâle ai quaitre
Lou joû di tiraige au sôrt
Nous sans aivus pou nous baittre
D'aivoue in tas d'trompe-lai-mort,
Que nous cryaint ou passaige
Das machins que n'ollînt point
Nous faisîns l'aiprentissaige
Di métie aivoû nout poing.

Las counscrits d'Velout' sant doux c'ment das filles,
Main ils n'ant pas poû de cassâ das billes.

Quand nous revenîns ai V'loute,
Nous etîns tous brindsinguâs
Y en aivâ dous sans culoutte
Ai fôche d'aivoi gînguâ...
Lou mâre ait viu nous dire
Et nous prôchâ sen sermon,
Aiprès c'etâ bîn pus pire
Nous r'otîns nout pantolon.

Las counscrits d'Velout' sant doux c'ment das filles,
Main ils n'ant pas poû de montrâ lleus guilles !

Lou soi venu dans lai b'vette
D'în veil soudât d'l'ancîn temps
Nous mingîns enne meurette
Ai s'en fistoulâ las dents,
Nous nous rincîns las gencives
En beuvant ai pllein musiau
Se bîn que pou dous tròs lives
Nous en aivîns pllein lai piau.

Las counscrits d'Velout' sant doux c'ment das filles,
Main ils'aimant mû l'fricot qu'las nantilles.

Aiprès-tout c'qui chû lou mâre
Nous vans fare di raifut,
Nous ans champâ dans lai mare
Las charrùs ou veil Tatut ;
Nous ans tous breullî lai messe
Devant chû monsieur' curé,
Et nous ans changie ed' piaice
Las boûgn's qu'etînt dans sen pré.

Las counscrits d'Velout' sant doux c'ment das filles,
Main ils n'ant pas poû de far' das bisbilles.

Nous ans tendu sû lai route
Das coûdhes pour empaturâ
Las gens que vinrînt ai V'loute,
Et peu nous ans tous fourrâ
Nous bllaudes sous nout chemise
Pou far' c'ment las rûvenans,
Et nous filoutîns coum' lai bise
Pour endêva las ôfans.

Las counscrits d'Velout' sant doux c'ment das filles,
Main ils aimant prou far' poûe as faimilles.

Espouthant nous sans Nicaise
Nous ans d'mâchans luméros
Coulardon ait pris lou treize,
Et Touniot ait rem'na trôs
Las Beurîs * ant fâ main basse
Sû las grous loûts di paiquet...
Quand Y pllongeais dans lai tâsse
Il n' restâ que lou bidet!...

Las counscrits d'Velout' sant doux c'ment das filles,
Main ç'ot bîn chousant de prenr' las brequilles.

* Les garçons de Beure.

A MADAME CH. BESSON

Coume las gens de Besançon
    Ga! sans faiçon
Y m'en vais penre lai pairoûle,
Et se Y pâlais lou paitois
    Das Francs-Comtois
Ç'ost qu'Y ne vais pas ai l'aicoûle.

Y ne seus pas dinquin southi
    De men couthi
Pou piai fare das manigances,
Et posâ pou lou grand mailîn
    Sû lou laitîn
Ou sû d'autres affustiances.

Ç'ost tout bounement pou veni
　　En vêil aimi,
Sans pus d'autre çairaimônie,
Dire bonsoir ai tous las gens
　　Peteuts ou grands
Monsieu, madame et compainie.

Câ bîn qu'Y viegne das murots
　　Das Tillerôs,
Et qu'Y n'aye gaire de lettre
Y sâs que ç'ost touj' pus joli
　　D'être pouli
Que d'être sçaivant coume in prêtre.

Allons, çouqui vait tu toujou
　　Depeu lou jou
Que nous aivôlîns tant d'aiflaires,
Poulot, rôuti, vîn, soucisson,
　　Peu lou cresson
Que fâ di bîn as poitrinaires?

Y'aivoû, moi, tant bu de glôria
　　Jesus Maria!
Qu'Y me beugnoue as devantures...
Et qu'Y prenoû tous las quînquets
　　De maistrouquets
Pou das lantâgnes de voitures.

Et peu voiqui Monsieu Marchand
    Que vait prôchant
Que nous ollîns prenre das choupes;
Ah bîn sans Monsieu Figurey
    Lou bon curé,
Nous aurîns été das gens proupes.

Et ç'ost tout. C'étâ pou veni
    En vêil aimi
Sans pus d'autre çairaimonie,
Dire bonsoir ai tous las gens,
    Peteuts ou grands,
Monsieu, madame et compainie.

NOUS GENS !

Quand vous varés pa las velaiges
Passâ das grous ôbres bîn grans
Roulâs su das grands aitelaiges
Pa das chevaux coume das ailéphans...
Ç'ost las ôbres de nous gens.

Quand vous varés lou long das routes
Das murgers pus grous et pus grands
Que Brugille et peu sas redoutes,
Que rempllissant lou pus moillou das champs...
Ç'ost las murgers de nous gens.

Quand vous varés dans lou finaige
Das Turquîs pus grous et pus grands
Que las peuplîs di voisinaige,
Et que caichant lou souloil as passants...
    Ç'ost las Turquîs de nous gèns.

Quand vous varés qui pa la rues
Das counscrits pus grous et pus grands
Que vous chèvaux ou que vous bües...
Montrâs las vôr ai vous peteuts ofans...
    Ç'ost las gaimîns de nous gens!

ÉPOPÉE

Ding! Ding! Ding! Boum! Boum! Gas! en soune au fue!
Ran tan plan plan plan! « Pompîs d' San-Farjue
« Priniâs vous soulés vingt cinq mill' bondue!
« Et sans soufflâ mot fâtes pou lou mue! »

Ç'ost lou carpitaine : il pale as pompîs;
Las voiqui bîntôt que sant su lleus pîs :
Y' ait quî lou boucher et las dous tripîs,
Tous das ouvréés, pas de grait'-paipîs.

L'oufficî lleus crie : « Ollâs las aimis !
« Faut que nous seyîns toujou las premîs,
« Ailignas vous qui lou long das femîs
« Tripa dans las champs, pou nous ç'ost premis ! »

Et tous las pompîs se boutant pa trôs...
Tant pés pou la ceus' que ne sant pas prôts,
Tant pés se s'en vant as coins das murots...
Lou chef lleus ait dit : « Pairtans camarôs ! »

Ç'ost în veil soudât que cougniait sas gens,
L'ait neuf caipourals et quaitre sargens.
Il lleus dit dinlai : « Sayans diligens
« Et traivaillans mû que tous ças Jeans-Jeans,

« Que tous ças cudots d'ourlougers gouaipoux
« Que fant las mailîns et sant toujou soûls ! »
Et tous las pompîs li criant : « Vans nous ? »
Et priniant lai pompe et tirant tretous.

Lou long das chemîns que l'ant traivôchas
Dous trôs fois lou chef vous las ait mouchâs :
« Pompîs, que disâ, han ! voyans ! Mairchâs
« Sans baitre dinlai tous ças entrechâs !

« Nous en vans courî jusqu'ai Besançon
« Faut aivoi di souffile ! » — Et dans lou buisson
Lai pompe sautâ de balle faiçon...
Main l'iau rigoulait dans lou caneçon.

Et tou pou lou coup Jean Touniot disait
Que l'iau de sai pé parqui l'airousait;
Lou chef li répond que se repousait;
Main, vous pensâs bîn, Touniot se taisait.

Aiprès que l'ant bîn couru lai volâ
Touniot qu'aivâ chaud et que traitelâ
Se touquait lou front, peu s'ait raipelâ
Que nûn ne saivâ laivou l'en ollâ.

« Carpitaine, eh bîn, nous sans das gnon-gnon !
« Là ousqu'ost lou fue? Ost-ce vers l'Ougnon
« Ou cete cllairance en haut de Rougnon? »
— Main dedans lou rang faut pas de grougnon.

Lou chef li répond : « Couise-te, bllanc-bec !
« Se t'ais dans lou cou l'ailouette ai sec
« Vais t'en l'airousie et tai langue aivec,
« Main ne nous fâs point de sailamalec ! »

Et se remettînt ai couri toujou
Fllouttant lou cllairon, cougnant lou tambou,
Et s'aurînt trôlâs lai neue et lou jou
Se lai lune aivâ restâ dans son trou...

Main pouf ! lai voiqui darîn Besançon
Qu'alle se levait sans pus de faiçon
Et tous las pompîs braiquant lleut caisson
Pou pompâ dessus tous aï l'unisson.

MOURALITÉ

Pompîs n'imitâs jaimâs Jean-Touniot
Se lou chef aivâ mis dans son colot
Que lai lune n'ost qu'în bon grous brulot
Faur' pompâ dessus sans réponre in mot.

DAS VERS SU IN FROUMAIGE

———

A M. Marchand.

Lai Canquoillote

Las monsieus que sant cousus
    D' bés écus
Que grillant dans leut goillote,
Migeant das grous mouchés de lâ
    Et de pâ
Et craich'nt su lai canquoillote.

Nous que sans das paysans
Pas pllaisans
Que n'ans point de redîngote,
Nous n'ans lâs moi! pou butîn
Que nout paîn
Et nout poutot d' canquoillote.

Quand en soye jusqu'au soi
Qu'en ait soi,
En boit le vin que piquotte,
Et peu l'en coupe ou chanté
In gousé
Pou mingî lai canquoillote.

Las sois d'hivâ quand nous vans
Chû las gens
Aicoutâ ne raicountote,
Nous pouthans nout demé-quart
D'eau-de-marc,
Et nout poutot d' canquoillote.

Quand n'aimi se laisse ollâ
Lai volâ
Dourmir ou champ de cairotte,
Nous vans pllourâ lou défûn
Chû queuqu'ûn
D'vant lou poutot d' canquoillote.

Messieus Y souhaitais bîn
       Su vout païn
Lai froumaiger' que trembllotte,
Et que lou chef de Pairis
       Eusse aippris
Ai fare lai canquoillote!

LOU GOURI

A. J. Richepin.

Rebeuillâs me quî cete boule
Lai panne li bouche las oëils
Le s'ait laissâ cheir, lai vioule !
Coume in curé dans sas fauteûils...
Regaidhâs lou, voiqui que frougne
Las chenils que sant dans lai soû,
L'ait bé davourâ, faut que grougne,
Jaimâs il n'en arait sen soûl.

Gouri couchon, couchon gouri,
Quand te serai nourri nourri,
Te ferai boudîn et andouille...
Rebouille, mon peteut, rebouille,
Quand te serai nourri nourri,
Nous te bouterans su lou gril !

Il n'y manque que lai pairoûle,
Ç'ost pas ne bête, ç'ost ne gent,
Y' ait prou de gaimîns ai l'aicoûle
Que n'ost pas tant întelligent ;
Faut lóu voi couri lai chairère,
Rebaussâ, freguillâ, grougnâ,...
— Nous vans lou pllourâ coume in frère
Lou jou que faurait lou saignâ !

Gouri couchon, couchon gouri,
Quand te serai nourri nourri,
Nous te metterans en saucisses...
Faut padhi bîn que te t'empllisses,
Quand te serai nourri nourri,
Setôt aicourchi, setôt frit !

Il vaut mû finir en grillâdes
En côtis, en peteut-solâ,
Crevâ coument las camarâdes,
Que de bêtement s'en ollâ

Pou fumâ las champs de cairoute,
Coument enne caigne de chîn...
Vaut mû dourmi dans lai choucroute
Que de pourrî sû lou chemîn.

Gouri couchon, couchon gouri,
Quand te serai nourri nourri,
Nous te proumettans, grousse bête,
Que te serai qui de lai fête...
Quand te serai nourri nourri
Nous te fourrerans ai l'aibri !

Y' ait das gens pus bêtes qu'enne oye
Que raicoultaint în grous trésôr
Main coument n' haibillé de soye
Ne fant di bîn qu'aiprès leut môrt
S'Y cherchoû bîn, Y' en diroû mille
Et mai fi pou ne noumâ nûn,
Y' ait pa chû nous l'oncllot Mimile
Et peu lai tantîn Paitournûn...

Gouri couchon, couchon gouri,
Quand te serai nourri nourri,
Faurait crevâ coume las autres...
Maugré las cris, las patenôtres
Quand te serai bîn gras, gouri,
Nous raimaisserans ton fourbi !...

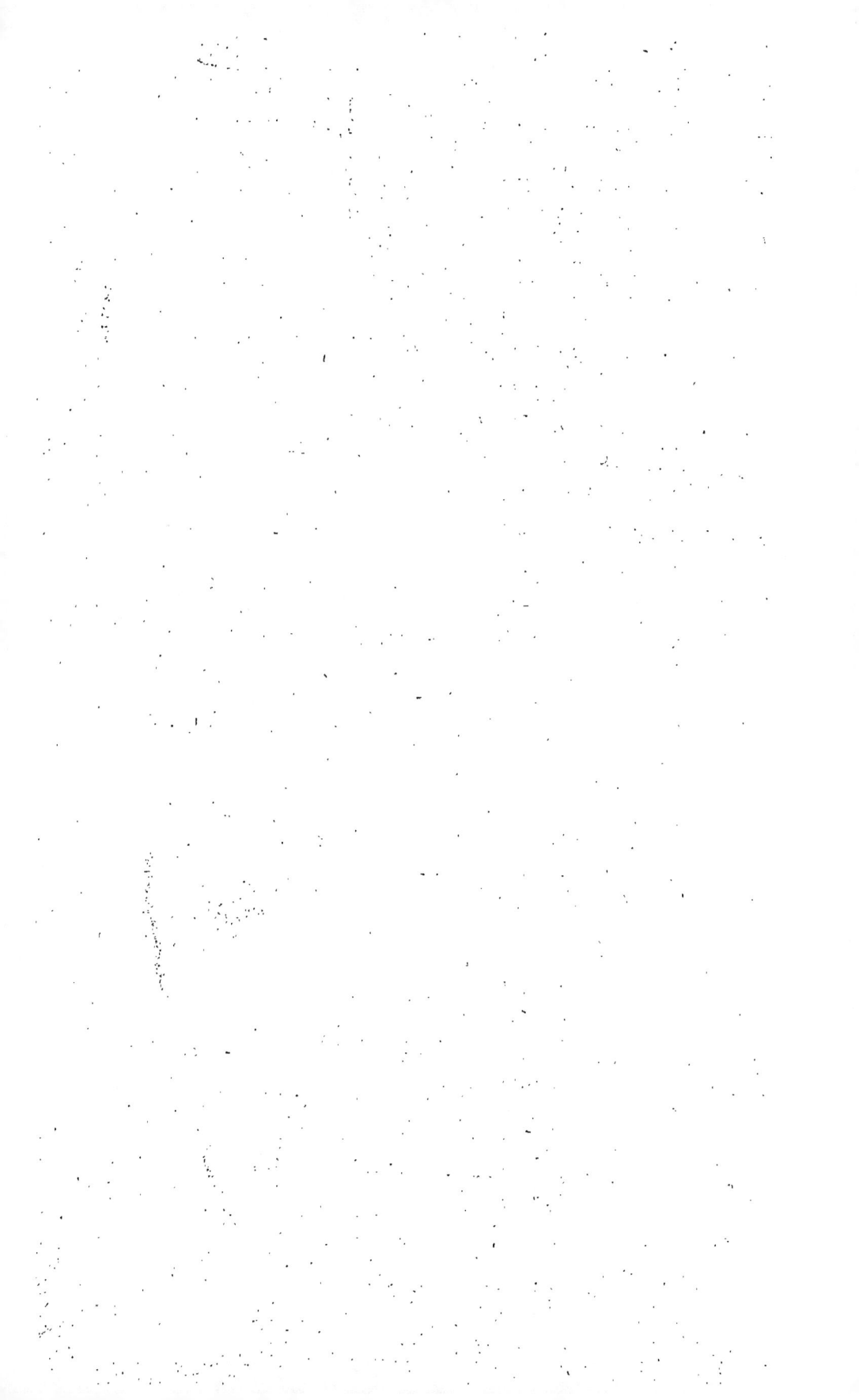

GASCONNADES BISONTINES

Si la Garonne avait voulu.....

NADAUD.

———

Se Chaudâne étâ pus mailîn
Tire lîn lîn !
Il monterait jusqu'as nuaiges,
Et lou mont Bllanc ferait vilaîn.
Main Chaudâne n'ost pas mailîn,
L'ait poû de grimpâ dous étaiges.

Se lou Doubs étâ pus mailîn
    Tire lîn lîn !
Il s'en irait cheir dans lai Loire,
Pou fare virî lou melîn ;
Main gas ! lou Doubs n'ost pas mailîn,
L'aît poû de pousâ pou lai gloire.

Se nout murger étâ mailîn
    Tire lîn lîn !
Il s'en varait dans las parères
Que sant palai près de Pantîn ;
Main nout murger n'ost pas mailîn
Et demoure près de sas frères !

Se Besançon étâ mailîn
    Tire lîn lîn !
Et s'échaippait de sai lantâgne,
Pairis cruverait de chaigrîn ;
Main Besançon n'ost pas mailin
Et reste quî dans ne citâgne.

Se Y'etoue in pou pus mailîn
    Tire lîn lîn !
Que mai langue saye endourmie,
Y ne liroû que di laitîn ;
Main Y ne seus pas în mailîn
Ç'ost tant pés pou l'Aicaidémie.

LAI BOUNE ANNA

Mon Dû, l'ost peut-être in pou tâ
Pou veni vous lai souhaitâ,
Main, mai fi, ce n'ost pas mai foûte ;
Y n'a pas descendu lai coûte
Deu lou venredi de Noué.
Aujedheu qu'Y seus embrué,
Qu'Y a mis mai bllaude das dimanges,
Y m'en vais retroussâ mas manges
Et vous fare mon complliment.

Prinians pai lou coumencement.

Y vous souhaite de bîn boire
Sans vous débringuâ l'avaloire ;
Et d'aiprès de veni toujous
Mingi las gaudes d'aivou nous,
Et peu de dire das pairoûles,
Das maichins et das cairamboûles,
Aiprès lai soupe ou le pépé
Ai s'en faire potâ lai pé.

Ç'ost d'enne faiçon chailureuse
Qu'Y lai souhaitais bîn hûreuse
Ai monsier Wey, qu'en ait choisi
Pou goutâ nout premî bresi.
Pareillement Y lai souhaite
Ai monsieu Gigoux, que banquette,
Et que vint tous coups ou poutot
Mingî las gaud's et lou fricot.

Y lai souhaite itou bîn boune,
Exempte d'ennus et de poune,
D'aivoue in grous tas d'aippetit
Ai nout bon monsieu Jean Petit.
Y souhaite ai monsieu Gérôme
De veni goutâ nout regômme
In pou pus souvent... (ç'ost pou nous
Qu'Y lou souhaite, crayâs vous).

Ai monsieu Raipin de nous fare
Pou nout menu ne balle aiffare ;
Ai Besson de nous fignoulâ
Das calembours pou rigoulâ.
Ai monsieu Boullet de nous dire
Das pairoûles que l'en aidmire
Sus las sciençoux de nout pays...
Et pou requînquâ las êsprits,
Y souhaite ai lai compaïnie
Que monsieu Beauquier li manie,
En français ou bîn en paitois,
Dous trôs chansons sus las Comtois.

Ai monsieur Roûbert Y souhaite
Di bon butin pllein ne brouette ;
Au vice-praisident Courbet
D'ouvri bintôt son gailoubet,
Et de fare sai raicontote.
Y souhaite lai canquoillote
Ai Touny Faivre, ai Pointelin...
Main pou être bîn pus mailin,
Y souhaite tout ai lai ronde
De lleus tâblleaux ai tout lou monde.

Y voû que nûn n'olle queri
Monsieu Mounin, pour se guéri...

L'ai bin das molaides de rêste !
Y souhaite enne bârbe ai Teste ;
Et Y vouroû que las vouloûs
Nous laissînt nout Chapoy chû nous,
L'ait raitâ ce soi lou pic-nique.
Et pou fini mai mécânique
Souhaitans qu'on entende enfin
Lai pouésie ai Grandmougin.

Et mai fi ! vive l'espérance
Et vive las Comtois tretous !
Trînquans donc vô dous trôs bons coups
Pou las Comtois et pou lai France.

LOU PETEUT DE BAITTANT

A Emile Zola.

Ç'qui tresit în maitîn ou mitan d'une pllaice
Plus sale qu'în tourchon ou ne veille remaisse,
Laissant cheir son pantet ou trou di pantolon,
. Ç'qui vait roulâ sai pé sû las ghiaicis d'Arènes,
Ç'qui reçoit, lâs moi ! bîn pus de coups que d'étraînes,
Et couniâit mû Chaimâs que las quârs d'în solon.

Lou peut offant! Mon Dû! D'aivoû las dous chandolles
Que tombant de son naz en faisant das rigôles .
Coume în peteut ruissé das trouttois de Baittant...
Et sas poures soulés que beuvant dans las gouilles
Et couînant en marchant tout coument das guernouilles.
Lou peut offant! Mon Dû! Mon Dû! Lou peut offant!

Lou soi ç'qui vait ouvrî las pouthes das boutiques
Et souffllâ las quînquets pou chousâ las praitiques,
Ç'qui pîaune coume în chait ou brait coume în baudet,
Ç'qui vait lou long das mûrs pou dinguâ las sounettes,
Ou bîn pou dacrouchî las dous grousses lunettes
Que pendant su l'enseîgne ai Monsieu Roubardet.

Ç'qui n'ait pas las moyêns de se payî ne lèche
De paîn bis, espouthiant ç'qui s'en vait ai lai Crêche
Entenre Barbisie et peu sas baragouins;
Mai fi! sai mère ot bé lou baittre coument pllâtre,
Ç'qui ne fâ ran! Pou llu las pllaisis di théâtre
Veillant bîn ne mournife ou de pus ou de moîns.

Ç'qui grandit âs chemîns coume in touchet d'outhies,
Ç'qui s'en vait gouillandâ tous las jous de southies
Quand l'aicoûle ost fremée et qu'en voit lou souloill;
Ç'qui dascend âs Chaiprâs ou bîn monte ai Chaudâne
Et toute enne jouniâ roule sai cairavâne,
Et lou soi rentre aivoû das boucles ai l'outoill.

Ran n'y pout ran ! Lou père, ou lai mère, ou lou maître ;
Et dire que ças gens en veillînt fare in prêtre
Et lou voi devenîr în sciençoux, in mailîn...
Se froutte sas haibits, ce n'ost pas ai l'aicoûle ;
Lou père cougne dru, lai mère se dasoûle,
Main lou mâchant sujet ne môt pas ou laitîn.

Arie ! sû las murots ç'qui vous fâ das binettes
Depeu lou saicrestain et sas veilles lunettes
Et lou pion que regâdhe aivou n'oêil furibond ;
Et lai tête tondue ai monsieu lou vicaire,
Lou bicôgne d'airgent de queuque commissaire,
Tous las gens sant crouquâs d'în mouché de chôrbon.

Et lou pés c'ost que bîn que n'ait point d'octographe
Lou mâchant pic-mouchet vait pousâ sen paraphe
Sû las balles môsons di comte Saint-Aimoû,
Et la gens s'en payant ne boune régalâde...
Ollâs vous en pâ lai lire sai rigoulâde,
Çouqui s'écrit lai neûe et peu se lit lou jou !

Et voiqui, mas aimis, coument lou poure gousse
Pouthant das guenillons peu das cheveus en brousse
Sans saivoi pou dous lliâs de laitîn ou de grec,
In bé maitin vous tourche în tâblleau de cent livres
Et das fois vous écrit dous cents paiges de livres
Sans fare de raifut ou de sailâmâlec !

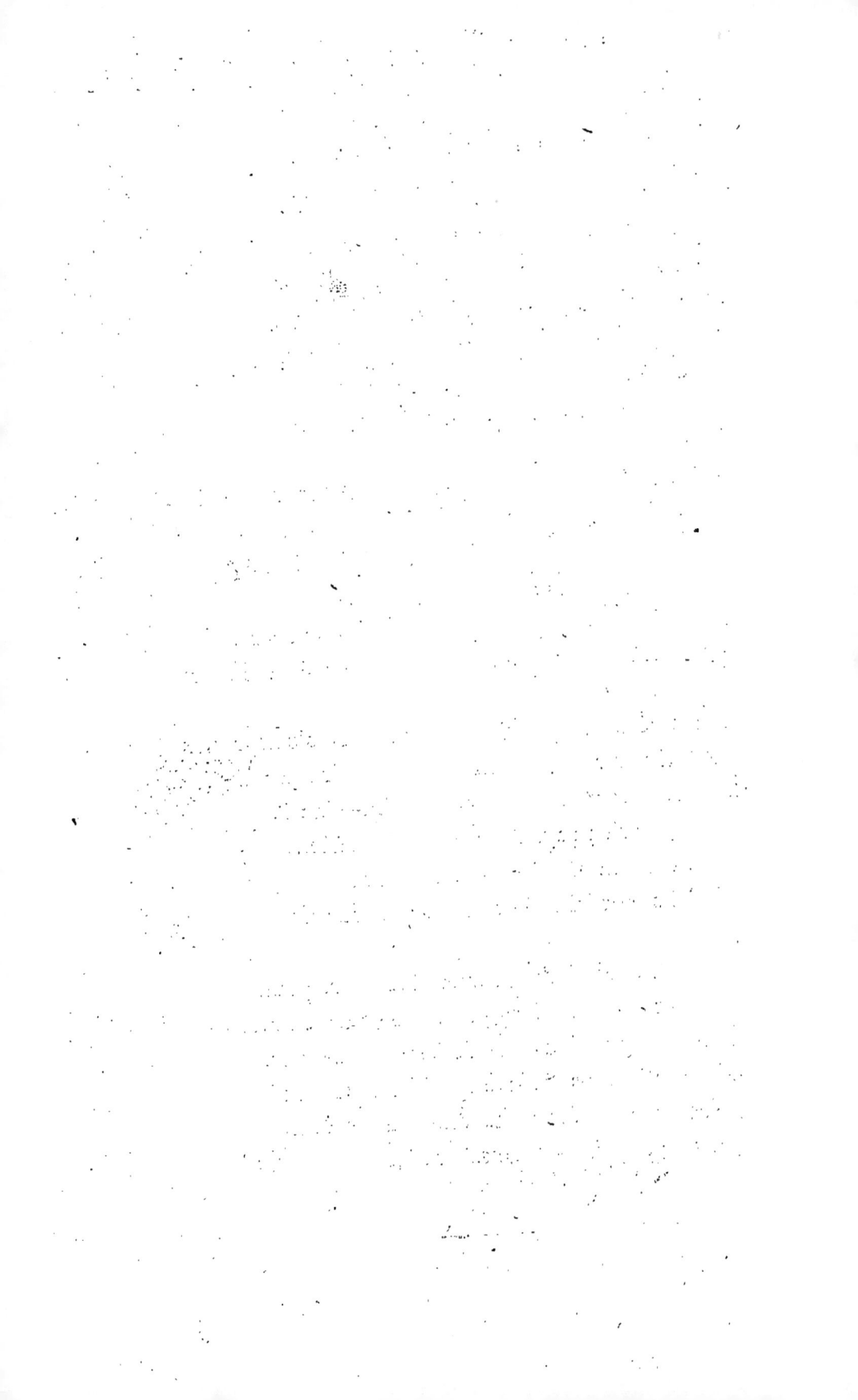

ENVOI

Au dîner du 7 juillet 1881, sous les arbres d'Auteuil.

Se nous sans venus bîn loin
Pou boire de lai bistrouille,
Las aimis ne craites point
Que vout Coumité paitrouille;
Vaut meûe aivolâ das choüs
Et mingî de lai moulette,
Que coulâ pa tous las bouts...
— Ç'ost lai faute ai lai Coumète!

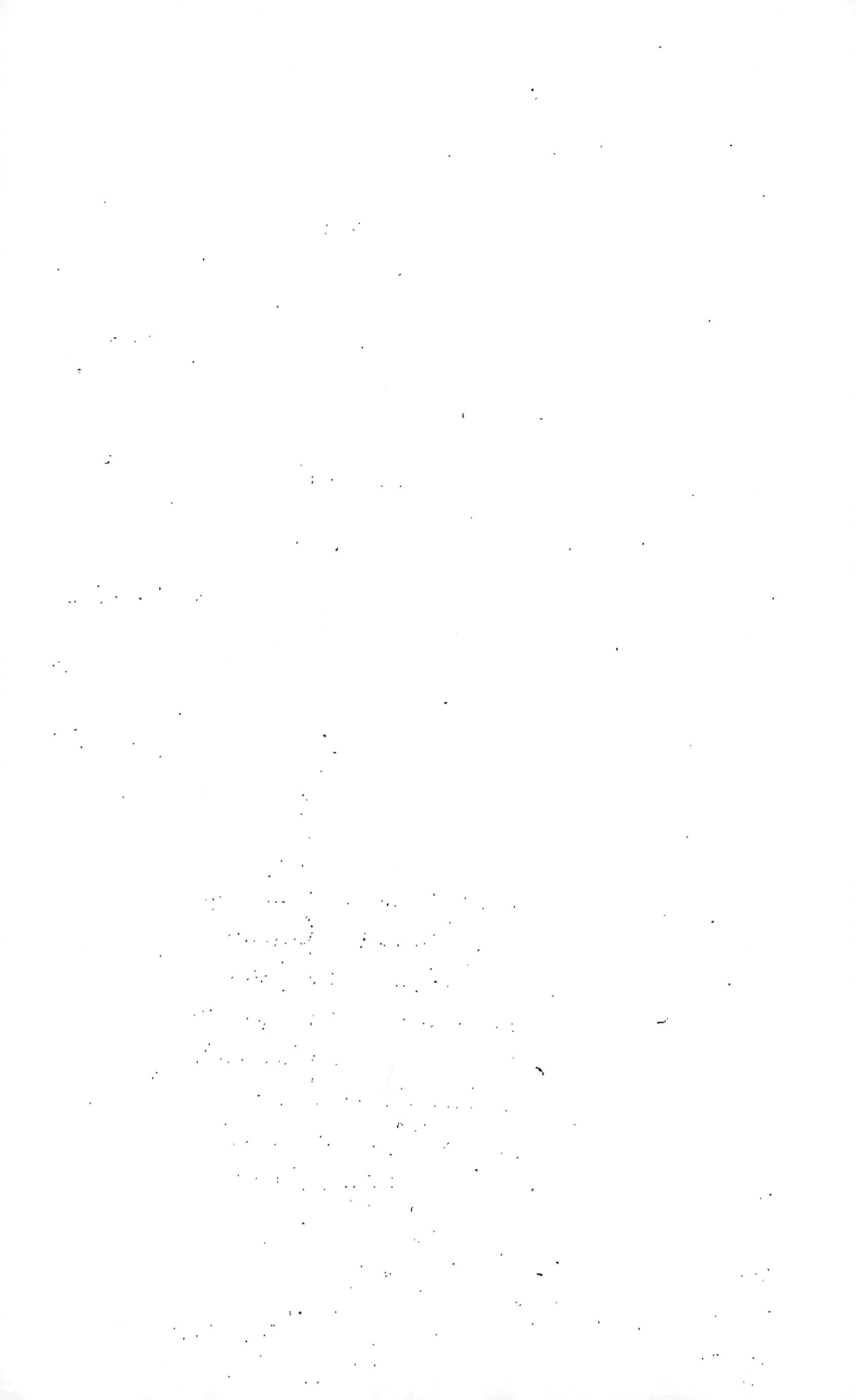

Prère d'insérer.

Léon Tolstoï. Vie et Œuvres, Mémoires.
Extraits du Journal intime, Souvenirs Lettres,
Notes et Documents biographiques réunis,
coordonnés et annotés par P. Birukov. Revi-
sés par Léon Tolstoï. Traduits sur le manus-
crit par J. W. Bienstock. Ouvrage illustré
de 30 gravures. 2 vol. in-18, 7 fr. Société
du *Mercure de France,* Paris, 26, rue de
Condé.

Ces Mémoires du plus grand écrivain de la
Russie contemporaine auront dans le monde
entier un retentissement énorme, car la vie
de Léon Tolstoï est liée aux principaux évé-
nements de son pays. Dans ces pages pleines
de faits encore inconnus, l'auteur, avec sa
sincérité habituelle a réuni ses souvenirs depuis
l'enfance. La participation intime de la com-
tesse Tolstoï à la préparation de cet ouvrage
y ajoute un intérêt inestimable, et l'on se
trouve en présence d'un monument histo-
rique de la plus haute signification.

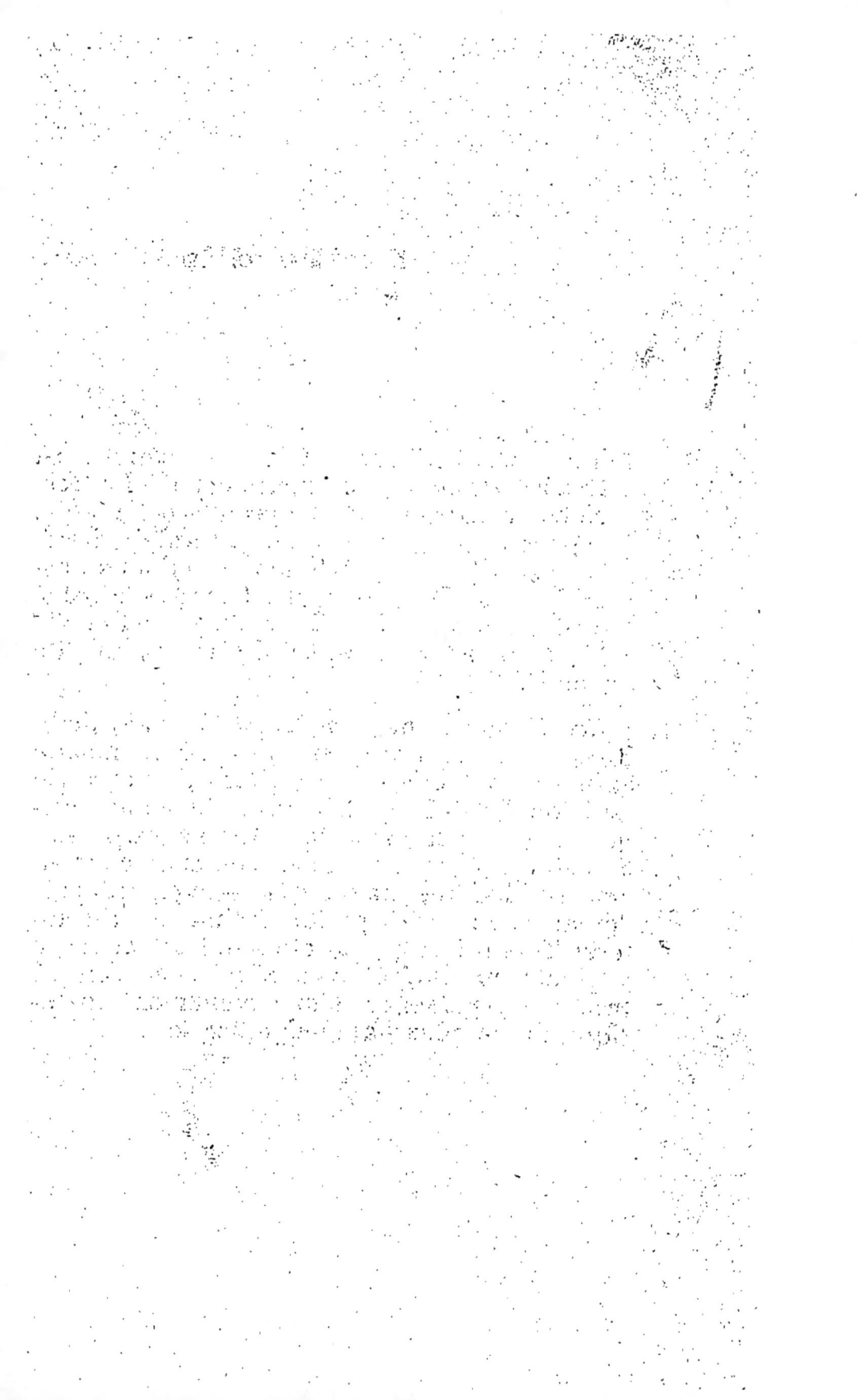

AS GENS DE BESANÇON

> — *O Fortunatos nimium sua si bona norint Agricolas !*

(Lou paipie se lasse écrire.)

Vous crâites que ç'ost qui ne vie,
Vous crâites que nous rigoulans,
Que nous migeans das outhoulans,
Que nous ans lai tôble sarvie ;
Et que nous fans tout coument vous
Sautâ dinlai lai cairambôle,
Nous ans în franc moins dix nû sous...
Ç'ost bîn lou diâle que s'en môle !

En hivâ lai plleuge renvache,
Lai noige entre dans las soulés,
Et das fois, lai neû dans nous lés,
Lou vent de Pirey nous traivache ;
Et quand nous vans ai Besançon
Vous pouthâ di laissé que geôle,
Nous sans roidhis coume în glliaiçon...
Ç'ost bîn lou diâle que s'en môle !

Lou printemps flloute sû lai vigne
Et fâ tresi tous las boutons,
Lai fûlle as guilleriboutons
Il toune en aivri, ç'ost bon signe,
Nous arans di paîn dans lai met,
Nous pourrans boire ai lai rigôle...
Main voiqui las geolâs de Mai
Ç'ost bîn lou diâle que s'en môle !

Deu las premés jous las chénilles
Las cancoînes d'aivou lleus cots,
Las raites peu las raiboudots
Las limaices, las coquerilles,
Ant bîn tôt fâ de nantoyî
Lou poi, las chous et lai faiviôle
Ollâs vous en vô las cuillî...
Ç'ost bîn le diâle que s'en môle !

N'ait pas chu lai moinre gouttote
Deu feuvrii juqu'en Juillet,
Nout poure couthi que baillait
Ost creuilli coument ne foussotte ;
Tout pou lou côp ç'ost saînt Médâ
Que nous vâche doux mois sai fiôle...
Pou moissenâ ç'ost în pou tâ,
Ç'ost bîn lou diâle que s'en môle !

Tant pés, tant mû, coume dit l'autre,
Faut prenre lou temps coume vînt
Et peu y'ait coûe in pou de vîn
Maugrâ Due et sen bon aipôtre...
Main lâs moi ! voiqui qu'în bé jou
Lou tounère, lou vent, lai grôle,
Raiflant l'aîspoir. . lou vîn itou...
Ç'ost bîn le diâle que s'en môle !

A ct' heure iqui las neûs sant fraîches
Et pus de fairenne ou soulî ;
Nisque de vîn dans lou cellî ;
Pus de foin ai baillîe as vaîches,
Point de peille pou lou matras,
L'as te fiche de lai bricôle !...
Nous sans mai fi dans das bés draps...
Ç'ost bîn lou diâle que s'en môle !

Et dites que ç'ost qui ne vie
Dites vô que nous rigoulans
Que nous migeans das outhoulans,
Que nous ans lai tôble sarvie ;
Que nous fesans tout coument vous
Sautâ dinlai lai cairambôle...
Faut coû que vous baillins das sous
Ç'ost bîn lou diâle que s'en môle !...

CHU NOUS!

Quand Y voyais das peuts mounîns
Pus rancurant que das verrues
Qu'ant das pois ou mitan das mains,
Et tous ças mâchants gailoupins
Que vant tratelant pa las rues,
Quand Y rencontrais das gouapoux
Que pou dous chauvés ai dix sous
S'en vant craichî quî sous n'ormoire...
Y lleus disais : Ollâs vô boire
   Chû nous !

Quand Y voyais ças mau bllanchis
Que vant se baignie ai lai glenne
Et paitrouillâ dans lou gouillis
D'enne iaû pus naire qu'în vârnis
Qu'ils vous noumant de l'iaû de Seine,
Quand Y voyais tous ças pouilloux
Gônâs coument das raimounous
Southi dinlai de leut chaudère
Y lleus disais : L'iaue ost pus cllaire
      Chû nous !

Quand Y voyais tous ças cudots
Que sant ai jou qui près de l'iaue,
Et qu'aimourçant d'aivoû das côs
Leut ligne pou prenre das bôts
Que n'ant que las os et lai piaue ;
Quand Y voyais dous trôs voyous
Que regad'hant fare las coups,
En baillant coument das mairmites...
Y lleus disais : On prend das truites
      Chû nous !

Quand Y voyais tous ças monsieus
Que se boutant dans l'ailouette
Di bon fricot, peu di vîn vieux
Et las mouchés las pus fameux
Que piant trouvâ dans leut boîte

Quand Y las voyais aux cent coups
Aivoi das tâs de brûle-cous
Et autres maichîns incommôdes
Y lleus disais : Nous fans das gaudes
Chû nous !

LES RASEURS

I A M B E S

———

A Granvelle, au printemps, sous l'ombrage des ormes,
    Sous les sycomores couverts
De chenilles, de vers, de cancoines énormes,
    Atopis sur les vieux bancs verts,
La glenne des gouillands vient ravauder sa vie
    Et farfouiller, en se chauffant,
Dans l'âme des passants que les vieux ont suivie
    Depuis les papas à l'enfant.

Ils gouaillent de haut les promeneurs qui trôlent,
    Le bel officier rougissant,
La dame qui trebille et dont les jupons frôlent
    Le cuir d'une botte en passant.

— « Voyez là, disent-ils, la câgne de bousbote
    « Qui pince un officier au vol,
« C'est la fille à la Glaude, une pauvre pied-bote,
    « Qui demeure au moulin Saint-Paul.
« Voyez-moi ça, tenez ! la plume sur l'oreille,
    « Battant le pavé du talon,
« Et ça mange des choux, des raves, de l'oseille,
    « Faute de faire du bouillon !
« Regardez-moi passer la dame du notaire,
    « Elle rapond des guenillons
« Pour se faire un volant qui ragauche par terre
    « La boue et tous les brequillons.
« Quand on voit dans la rue arpenter ces poupées,
    « On se demande voir un peu
« Si la bourse au mari peut les avoir gaupées
    « Sans biscoter dans le grand jeu.
« Pouih ! Ça laisse une odeur de traînée où ça passe,
    « Le musc emplit le casaquin,
« Et pendant ce temps-là le mari se surpasse
    « Pour faire aller le Saint-Frusquin.
« Ah si le sien *allait* tout seul !... Mais je t'en moque,
    « Celui des autres danse aussi,
« Depuis près de dix ans que la gachote en croque,
    « J'en sais plus d'un de raccourci.

« Sans parler du taudis de la place Saint-Pierre,
     « Que l'épieier que vous savez
« A vu dernièrement adjuger pour la pierre
     « A l'entrepreneur des pavés.
« On peut bien dire aussi qu'un avocat-bon homme
     « S'est laissé deux fois embruer
« Dans des écharboutons de ficelle et de gomme
     « Où c'est pas aisé de ruer.

— « En avons-nous donc vu ramasser l'équeville
     « De tous ces beaux mistifrisis,
« Depuis le vieux banquier qui le matin greville
     « Dans la cenise et les fâsis,
« Et l'ancien officier qui tourne la signoule
     « A l'Alcazar faute de mieux,
« Et le pauvre tailleur crouloux qui tune et roule
     « Pour placer des gilets Crémieux.
« On en connaît qui font des affaires plus viles
     « Qu'on rebeuillait d'un œil jaloux...
« Voilà comme tout dringue aujourd'hui dans les villes,
     « Ce n'est point trop gai, savez-vous.
— « Dans tout ce patarou, celui qui fait sa bouille,
     « C'est le Juif qui prête à huit jours,
« C'est l'avoué véreux et souple qui gribouille
     « Son papier qu'il revend toujours... »

Et les joyeux devis, comme des flèches, volent
     Piquant serré, poignant profond;

Qui sait combien de gens par après se désolent
  Des histoires que ces gens font ?
Mais sceptique et mauvais comme eux, moi je ne trouve
  Dans leur calomnie en patois,
Que le vieux tour *gavot* qui mord comme une louve
  Et le sarcasme franc-comtois.

A M. CLÉSINGER

———

1ᵉʳ août 1881.

Jeus! monsieu se Y'aivoû saivu
Que vous varîns mîngi lai soupe
Y'auroû pris mas oêils et mai loupe
Et peu Y m'en seroue aivu
Courî pou vô lai balle aiffare
Que vous és si bîn aiffutâ ;
Et Y'auroû fllouta mai fanfare...
Main Y ne piais que regretâ
Que nûn ne m'eûsse criâ gare !

5

Y viniais de fare nous foins
Et de raimassâ nous belauches ;
Et coument tous las malagauches
Y'a coû das bouclles dans las poings.
Ç'ost chousant de prenre ne plleume
Quand en ait poudhu sen laitîn
Ai saicllâ parqui lou légueume
Depeu lai pointe di maitîn,
Et qu'on ait raigaucha lai rheume.

Tant pés mai fi ! pou moi monsieu
Se me voiqui sans ne pairoûle,
Tant pés pou moi se mai main croûle,
Mairceau ne s'en pouthe que meu...
Ollas ! crayâs me, ç'ost prou triste
D'aivoi dinlai couru las champs,
Quand lou Mairceau d'in grand airtiste
Tirâ l'œil ai tous las passants...
Tant pés pou moi, poure Baptiste !

Vous autres staitûs Dû marci !
Y las a vus chû tout lou monde,
Depeu lai gaichotte qu'ost bllonde
Et lou bé touré tout broussi,
Et lou César, et peu lou reste ;
Y' en ai de quoi dédoumaiger
Las gens que vant traînâ leut veste,
Main pou bîn vantâ Cllésinger
Faur' aivoi ne plleume pus leste !

Et peu faur' qu' Y eusse saivu
Que vous varîns mîngi lai soupe.
Y'auroû pris mas oêils et mai loupe
Et peu Y m'en seroue aivu
Courî pou vô lai balle aiffare
Que vous ai si bîn aiffuta,
Et Y'auroû filouta mai fanfare,
Main Y ne piais que regretâ
Que nûn ne m'eusse criâ gare !

Las belauches de nous prunîs
  Las poumes de nout ôbre,
Las achaulons de nous noyîs
Que nous cuillans ai plleins penîs
  Dans las premîs d'ouctôbre,
Et qu'aivoû de nout bon touqué
  Nous chûsant dans lai panse,
    Ç'ost lai miscoulance
      O gué
    Ç'ost lai miscoulance !

Las bettes-raves que nous gens
  Mîgeant dans lleus solaides,
Et que raipouthant das aîrgents,
Et las ousoilles que peurgeant
  Quand nous trouvans molaides...
Las gâmés que vous rendant gai
  En chûsant dans lai panse,
    Ç'ost lai miscoulance
      O gué
    Ç'ost lai miscoulance !

Lai boune craîme et lou laissé
  Que nous baillant nous vaîches,
Lou froumaige qu'en ait prossé
Et qu'en ait dinquîn enbôssé
  Dans nous caives se fraîches
Que l'en se sent tout raibringué

En s'en gonfllant lai panse...
Ç'ost lai miscoulance
O gué
Ç'ost lai miscoulance !

Y'a vu das guernouilles
Filant das qûnouilles
Tout lou long d'în prâ...
— Compare ost-tu vrâ ?

Y'a vu das côcrilles
Dansant lleus quaidrilles
Tout lou long d'în prâ...
— Compare ost-tu vrâ ?

Y'a vu lou vêil moine
Pllourant lou chainoine
Tout lou long d'în prâ...
— Compare ost-tu vrâ ?

Y'a vu monsieu l'mare
Lisant ne graimmare
Tout lou long d'în prâ...
— Compare ost-tu vrâ ?

Main Y'a vu pus pire
Y n'ousais lou dire
Tout lou long di prâ...
— Compare ost-tu vrâ ?

Y'a vu mettre en tarre
Lou darîn noutâre
Au mitan di prâ...
— Ouais ! c'qui n'ost pas vrâ !

PETEUTE CHANSON

Y'aimoû bîn lai Jousette
Lai fille ai Philidôr,
L'étâ bîn gentillette,
Y li faisoû causette ;
Main quand le pâlait d'ôr
Y'a poudhu mai Jousette

Lai tantîn Caitherine
M'aivâ touchâ lou cœû,
Lou cœû me tambourine
Tic! touc! dans lai poitrine...
Main Y seu lou felleu
De tantîn Caitherine.

Y bocoû lai Mairie
Lou soi darîn chû nous,
Mais lai peute murie
Veillâ qu'Y lai mairie,
Elle n'ait pas vingt sous!
Y'a laîssî lai Mairie!

In jou lai Glaude-Antoine
M'ait pâla de sen meû...
Main sen père ost ne couenne
Qu'ait mingî sen aivoine,
Et n'ait pus que di creû...
Bonjou lai Glaude-Antoine!...

Y'aivoû bîn lai Glaudotte
Lai fille ai Caimusiau...
Mais coumènt l'aichaulotte
N'en faut douze ai lai botte,
Ç'ost bon pour în paisciau...
Ai revô lai Glaudotte.

Çté lai que man cœûe aime
Ç'ost ne fanne ai Pairis
Que m'ait dit : « Moule-ai-flemme
« Y t'aimais pou toi même. »
Çtéquite m'ait compris
Ç'ost çté que men cœue aime !

Quinéville-sur-Mer, 22 juillet 1881.

LE NOTAIRE ET LES FOURMIS

(CONTE)

D'où vient que l'on nous a conté
Sur les notaires tant de choses?
Jamais l'on ne se fût douté
Que dans ces vieux crânes moroses
On eût pu cacher tant de roses :
Pourtant on en connaît pas mal
Courant au loin la pretentaine
Sans souci du toit conjugal
Qui dépassent la soixantaine;

D'autres, jaloux de leur honneur,
Donnent leurs soins à la servante,
Dont ils assurent le bonheur,
Ou prennent jeune gouvernante,
Il faut bien le croire, on le dit,
Tout un chacun vous le répète.

L'un de ces gens, non point trop bête,
Ayant solidé son crédit
Par cent et cent tours de bandit
Echappés à l'odeur des juges,
S'en vint dans un de ses refuges
Dépenser son petit profit.
Soigneuse vie et bonne chère,
Loin des lourds tracas de l'enchère,
Donnent teint fleuri de santé,
Et puis notre homme était compté
Au nombre des gens du banc d'œuvre.
C'était fort adroite manœuvre,
Mais point déshonnête après tout.
On lui donna dans le village
Le soin des fillettes dont l'âge
Réveille parfois certain goût
Qui leur fait risquer leur va-tout.
Ce n'était point là sinécure,
Mais succursale de la cure.
Bons conseils, gros yeux, et parfois
Quelques tapettes sur les doigts

Faisaient avorter la sottise
Avant qu'elle ne fût bêtise.
Maître Cornichon s'en donnait
A cœur joie, ainsi que l'on pense.
Quelquefois sérieux, il tonnait
Et durant une heure ânonnait,
Parlant de sainte récompense.
D'autres fois plein d'aménité,
Et pour les fautes vénielles,
Usant de douce autorité
Faisait acte de charité
Sans appuyer sur les voyelles.

Un jour un cas lui fut soumis,
Très grave cas. Dans le village
Une demoiselle avait mis...
— Comment dirai-je, mes amis? —
La charrue avant l'attelage,
La charrette avant le cheval,
Pâques avant le Carnaval...
Vous m'entendez bien, je suppose.
Mais comme le bon Dieu dispose,
Il s'en était suivi depuis
Un malheur qui souvent arrive,
L'encombrement de Maupertuis.
L'honneur allait à la dérive
Les plus gros cancans circulaient,
Père et mère se désolaient,

6

Tant cruelle était l'apparence !
Les demoiselles s'en mêlaient,
Les filles de la *Conférence*
Parlaient de leur démission.

    Notre homme, par compassion,
S'en fut chercher la délinquante ;
Il la trouva dans le verger
Non point en train de s'affliger,
Mais souriante et provoquante,
Montrant taille encore piquante
Sous un cotillon fort léger.
Notre Papelardin commence
Son antienne en se carrant :
« Ah ! ce serait déshonorant,
C'était une sottise immense
Que de sortir ainsi du rang ! »
Et *patati,* comme un torrent
L'onction dévote s'écoule.
Les vieux mots, forgés dans un moule,
Servent à peindre les soucis,
Les chagrins, les remords, les peines,
Et toutes les saintes rengaînes
Que l'on débite aux endurcis ;
Il fallait donc, sans perdre une heure,
Engager par un bon contrat
Le détestable scélérat,
Et tantôt le mettre en demeure
D'épouser. L'a-compte était pris
Et les arrhes étaient données ;

Que diable en deux après dînées
On peut fabriquer cent maris !
Allons, c'était chose entendue,
Mais quel était le garnement ?...
Quel était-il ? Ah ! oui vraiment,
La question était ardue.
La demoiselle s'étirait
En se dandinant sur les hanches.
Dame ! on compte tant de dimanches
Dans l'année, à ce qu'il paraît.

Le prêcheur avait mis tout dret
Le pied dans une fourmilière
En un gros torchis de lierre.
Les fourmis grimpaient doucement
Dans la culotte, et par moment
Piquaient le gêneur, sans-vergogne.
On dit les fourmis de Bourgogne
Apres au dard. Tout en phrasant,
L'homme grattait à gauche, à droite
A travers la culotte étroite,
Et les fourmis se ravisant
Revenaient plus fort à la charge.
La demoiselle ouvrait très large
La bouche, et riait hautement.
« Allons ! disait en s'animant
Le bon saint homme de notaire,
Rire n'avance point l'affaire

Et nous avons bien mieux à faire
Que rire ; il me faudrait le nom
De l'auteur de cette Odyssée,
De celui qui vous a placée
Au point où vous voilà, sinon... »

— « Sinon quoi ? Monsieur la Parlotte,
Qui vous grattez dans la culotte...
Me diriez-vous bien, vieux toqué,
Quelle fourmi vous a piqué ?... »

LAI JOUSETTE

(HISTOIRE VRAIE)

———

Fâtes l'aumône ai lai Joûsette
Mettâs di paîn dans sai musette
Lai poure innocente lâs moi !
Vait pa las champs criâ disette,
Lai Joûsette n'ait pus de quoi.

Lai Joûsette ost de Besançon,
L'aivâ pris in mâchant maiçon
Que fourrâ tout dans lai boisson.

Pensâs vô lai balle aimusette !
Ah ! l'ait bîn pllourâ lai Joûsette
D'aivoi pris dinquin ne sousette.

Et peu sen homme aivâ das fois
Serrâ sai gôurge dans sas doigts,
Pou li démislouquâ lai voix.

Jaimâs cepouthant lai boune âme
Ai l'auquel ne montâ lai gâmme...
Main priâ bîn lai Noutre-Dâme.

Peu lai Joûsette aivâ n'offant...
— Las poures gens bîn souvent fant
Das bêtises en se chouffant. —

Main, tant pés ! lai poure Joûsette
Ait noumâ sai fille Rousette,
Et li broudait ne chemisette ;

Et traivaillâ si bîn lou jou,
Que lai peteute aivâ toujou
Queuque aiffare pou sen joujou.

Voiqui bîn qu'in soi de décembre
L'ivrougne rentrâ dans lai chambre,
Et mai fi, ne sentâ pas l'ambre.

L'aivâ bu di vîn de Pirey,
Sen oêil etâ tout égaré...
Il s'empaturait dans lou bré,

Dans lou bré laivoù lai petiote
Dourmâ, lai poure peteutgnote!
En suçant sen bout de menotte.

Lou père en chûsant l'ait tuâ!
Main lou mâchant Gargantuâ
Ost môt itou sans remuâ.

Fâtes l'aumône ai lai Joûsette
Mettâs di pain dans sai musette,
Lai poure innôcente ait di coup
Poudhu sai gaichote Rousette
Et l'ait poudhu lai tête itou.

Vout emprûnt pou lou mois d'oût,
D'aivou queuque chouse au bout.
Lai froumi prûnte ai grand poune,
(Ç'ost ce qu'alle fâ de meû)
— « Main que faisîns vous monsieu
« Pa chû vous pendant l'autoune ? »
— « Y chantoû lou jou lai neu
« In bé cri-cri dans las herbes,
— « Jeus ! que li dit lai froumi
« Vous flloutîns mon poure aimi
« Au llieu de fare das gerbes...
« Mai fi se vous n'és ran fâ
« Dansâs pou vous réchaufâ. »

L'HÉRON

In vêil héron se proumenâ
Parqui lou long de lai revère,
Et cambillait coume in cainâ
Boutant pa chi pa lai lou nâ
Et rebeuillant d'in oêil sevère.
Las carpes dans l'iau freguillînt
Et peu las dersons trebillînt
Devant lliu, c'étâ boune aiffare ;
Main l'Héron ait cru bîn meû fare
De las laissâ; n'aivâ pas faîm.
Aiprès n'instant sans criâ gare
L'aippétit lou farfouille enfin,

L'aivâ las craipauds dans lou ventre.
Lou voiqui qu'aipprouche et peu qu'entre
Las pîs dans l'iau pou grevillâ.
Las perchets s'ensauvant bîn vite.
« Pouih ! das perchets, pou m'égrilla
« Lai louette, Y crais qu'Y mérite
« Meû que çouqui. » Dans în gouilla
L'héron bousquigne das ôblettes
Virant leut ventre bllanc : « Mai fi
« Que se dit, il m'ait bîn suffi
« De vô qu'olles etînt bîn blettes ;
« Faure qu'Y saye bîn ai sec
« Pou n'ouvri pou se poû lou bec.
« Ollans ! ç'ost bon, vaut meue aitenre. »
Dous ou trôs quâts d'hieure passant
Sans que l'eusse ran piu pranre,
Et lai faim y brulant lou sang,
Il s'eusse encreva de pépie,
Se n'aivâ pas boutâ lou pie
Su ne côcrille que passâ...
Feillâ vô coume il l'emboussâ !

Vaut-tu pas meu mîngî sans faîm
Que de laissâ moisî lou paîn ?

LAI LAITÈRE ET PEU LOU BIDON

———

Lai Jousette pouthant su lai tête în bidon
    Dessus ne tourche sans bridon,
Viniait ai Besançon pai lai pouthe de Beure,
Et n'aivâ qu'enne caulle et peu sen coutillon
    Et das bons soulés sans tolon
    Pour airrivâ de pus boune heure.
    Elle ollâ coume în troubillon,
    Et comptait lou prix de sai course,
Et las sous di laissé que l'arait dans sai bourse.

Tout en se frayant las cheveux
Lai voiqui que cause et mairmoute,
Et que ragonne et que raidoute :
— « Y vais, qu'elle disâ, me payî dous cents d'œus
« Pou las fare couvâ pa dous trôs de mas poules ;
« Me voiqui dâs poulots, en voûs-tu n'en voiqui,
　　« Que s'en vant picoutâ parqui
　　« Au mitan de nout champ d'atoules ;
　　« Lou renâ serait bîn mailin
« Se ne m'en laisse prou pour aivoir în nourîn.
　　« Las peteuts couchons sant coumôdes
　　« En las engrosse aivoû das gaudes...
« Dans trôs mois Y trouquais mon gouri contre in viau
　　« Que s'en vait qui sautâ... mai chère ! »
Main lai poure Jousette aivâ dans în trou d'iau
　　Boutâ lou pî... Jeüs ! qué misère !
　　Lou bidon darouchait pa terre
　　Et lou laissé jicllait pa siau...
　　Bonsoi viau, nourîn et couvée !
Et sen houme qu'aittend lai bâs sen airrivée...

Voiqui coument nous sans tretous,
Nous nous fourrans dans las cervelles
Das fois das tas de manivelles
Ai fare rancure ai das fous...
On crait mai fi bîn das bêtises,
On ost riche, on ait das grous sous,

On ait las chevaux las moillous,
Las pus grous bus, las bounes vaiches,
On ait di bon foin dans las crèches;
Tout pou ne fois in coup de vent
Vous fâ cudot coume devant.

Voiqui donc nout mâchant luron
Que troû, que gregnote, que rompt,
Que greville tant ai lai hâte
Que dans moins de cînq jous l'aivâ fâ sai môson
Dreit ou bé mitan de lai pâte ;
Oh mai fi l'aivâ bin raison !
In soi que nout aristoucrâte
S'aivâ couchî su lou gôzon
Virant las œils, ouvrant lai gueule
Pou meû digerâ lai cloison
Que l'aivâ trouâ dans lai meule,
Voiqui dous raits que li mairchant
Su lai quoue, et peu li prochant
Au nom di Dû das raits que lleus baille n'aumône ;
— C'éta dous raiboudots charchant
Chû ne chairitâble personne
Di butîn pou das ourphelîns
Que n'aivînt gas ! pus que lleus mères
Las chaits aivînt crouquâ las pères
Coume in rondé de craiquelins —
Lou raiboudot las laissait dire
Pllourant coume în chaîneau que laisse coulâ l'iau
Qu coume ne vaiche et sen viau,
On ne fâ pas raifut pus pire...
Main lou voiqui que rentre et que prend sas verrous
Disant : « Y vais priâ pou vous
« Ç'ost lâs moi ! tout ce qu'Y poû fare
« Pou vous secourî dans l'aiffâre,
« Ai revô las aimis, Dû vous proutège tous ! »

Et prouf! lai pouthe ai lai figure
Sans que l'eusse redit in mot.

Ne virâs pas mau l'écriture
Y vous pâlais d'in raiboudot.

A M. BEAUQUIER

DÉPUTÉ DU DOUBS

A propos de son *Dictionnaire des Provincialismes franc-comtois*

Vivent les gens de Besançon
Parlant français à leur façon
En causant à grand'bouche ouverte.
Les mots se valent après tout ;
L'as fiche les messieurs de goût
Qui font : Pouih ! de la langue verte.

Si je frâche un jour mes raisins,
Et que mes glins-glins se naisissent,
Je ne vais point dire aux voisins
Que mes beaux doigts blancs se moisissent;
Si mon petit vin de Pouilley
Se patrigote ou bien se brouille,
Je ne suis point fort émeillé
Pour l'appeler de la bistrouille.

L'as fiche les messieurs de goût,
Les mots se valent après tout !

Pour moi, la *seille* n'est jamais
Un *pot,* quoi qu'on en puisse dire...
Meshuy vaut au moins *désormais,*
Et *frigousser* bien mieux que *frire.*
Je sais que dans vos beaux pays
On appelle, en riant, les gaudes
De la farine de maïs...,
C'est pour moi des mots pas commodes.

Restons franc-comtois gavotant
Et parlant français de Battant.

Il faut laisser les beaux pékins
Se bouliguer tout à leur aise,
Et farfouiller dans les bouquins
Pour y causer à la française ;

Pour nous, nous ne chauchons pas tant
A rechigner les gens de lettre,
Parlons le français de Battant,
Ma fi ! C'est le meilleur peut-être.

Vivent les gens de Besançon
Parlant français à leur façon !

C'est pour dire à Monsieur Beauquier,
Merci pour son dictionnaire :
Là, pas de terme de banquier
Ou de ces peuts mots de notaire ;
Tant pis pour les messieurs à col
Qui pindarisent leur parlotte...
C'est du pur gavot de Saint-Paul
Et des calembourgs de Velotte !

Et, ma foi ! nous faisons exprès
D'ouvrir au grand large la bouche ;
Nous sommes des gens des Chaprais
Pas faits pour la Sainte-Nitouche.
Nous causons à notre façon ;
Vivent les gens de Besançon !

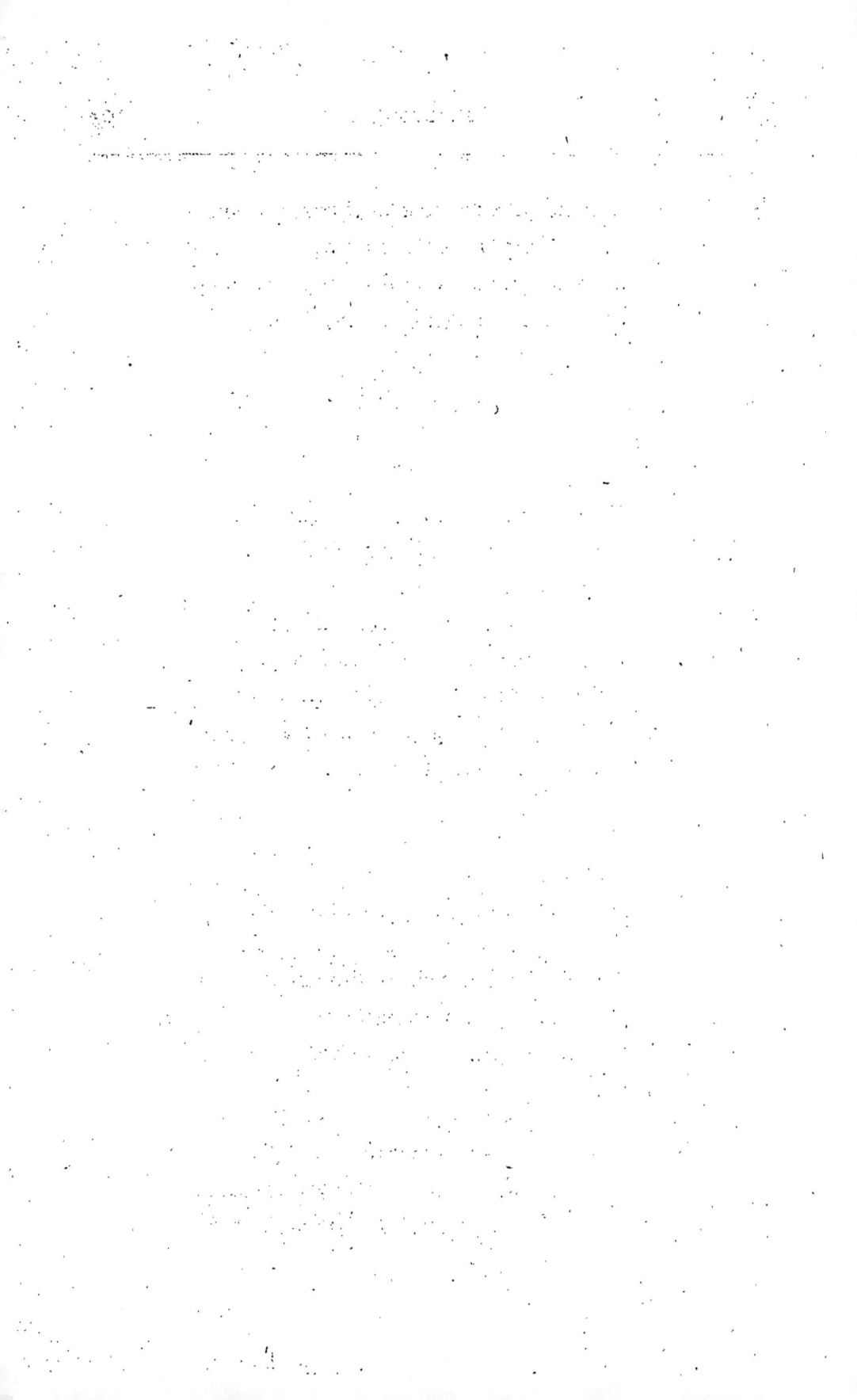

LE MICROBE

VERS PATOIS

A MONSIEUR PASTEUR

Y' a mis mon grand haibit ai pan
    Pou lai circonstance,
Y me redresse coume in paon
    Devant l'aissistance,
On m'ait dit que faurait causâ
    Pou l'Aicaidémie ;
Ah ! craîtes qu'Y m'en vais pousâ ?...
    Jeus ! mai chère aimie !

En m'ait dit que Monsieu Pasteur
   Vint mîngî lai soupe...
Faur' bîn, pour în té visiteur,
   Choisî dans lai troupe
Las gens d'êsprit peu las sciençoux
   Pou li fare în prône,
Lâs moi ! Y' a l'air d'în saic de clloux
   Ai jou sur în trône.

Eh tant pés, mai fi, se las mots
   Qu'y vouroû li dire,
Me vant baillî das tas de maux
   Et peu fare rire,
Ce n'ost pas las poures tontons
   Que fant lai graimmare...
Y voû pailâ pou nous moutons
   Ç'ost pus men aiffare.

Pou tous nous moutons que devant
   Ne grousse chandolle
Ai monsieu Pasteur, lou saivant
   Que nous las recolle,
Quand das grous taivins ai chôrbons
   Lleus piquant lai piaue,
Et que lâs moi ! ne sant pus bons
   Qu'ai champâ dans l'iaue !

Ç'ost n'insèque que l'en m'aï dit
   Que fâ ças misères,
In peteut chenil, pus bandit
   Que feu père et mère,
Et que fâ tresî das boutons
   C'ment de lai grenaille,
Su lai pé das poures moutons
   Que fant leut crevaille.

Monsieu Pasteur mas bons aimis
   Que cougnait ças bêtes,
Vous las migue et las ait mis
   Par qui dans das boëtes,
Et tous ças cirons pus mailîns
   Que das grous vipères,
Viniant doux c'ment das cairlîns
   Et bons c'ment das pères.

Aussi las aignés se mouquant
   Das pus grousses mouches
Que las davourant, las piquant
   C'ment das fers de broûches,
Ils ant parqui lou bon Pasteur
   Que nous las surveille,
N'y ait pas besoin d'être orâteur
   Pou criâ merveille !

LE VIEUX GARDE

(HISTOIRE VRAIE)

———

A MM. Rouquier.

Tandis que nous allions par deux au cimetière,
Les porteurs cadençant leur pas, sur la litière
Le cercueil de sapin couvert d'un drap rougi
Tressautait, comme si le bonhomme Maugy
Eût voulu cette fois encor reprendre terre...
Maugy, c'était le garde, un vieux célibataire
Mort l'avant-veille au soir à soixante-quinze ans,
Un ancien d'autrefois, graine de paysans
Qui ne s'en allaient guère à moins qu'on ne les aide...
Maugy pourtant était tombé tout seul, mort raide,
Et son voisin Baulard me racontait le cas.

« Voiqui l'aiffàre, ollâs, ce n'ost pas l'embarras
Main lou poure Maugy casserait coû lai croûte
Se n'aivâ pas couru devant hïe sû lai route
Au mitan das conscrits que faisînt leut bouzin.
I li disoû : Maugy, mon vêil, vous ferîns bîn
De rentrâ, gas ! las neus sant coû meshuy très fraîches,
Et voiqui dans coulants d'air ai traivâs las brêches
Das murots, rentrâs donc... Ollans, rentrâs, Maugy !
Ah bîn ouai ! Las conscrits s'en viniant paitaugî
Su lai pllaice, devant sai môson ; pa lai pouthe
Y l'aippeloû toujous, mais ran !
                       Feillâ qu'Y southe
Pou m'en ollâ querî mai fânne chû nous gens ;
Y lou laissais, mai fi, grulâ qui dans las vents,
Et dous heures d'aiprès l'étâ chû vés l'égllise.
Main ce n'ost pas de freid.
                     Faut d'abô qu'Y vous dise
Que lou vêil s'aivâ baittu sous l'Empereur.
C'étâ n'houme qu'aivâ las Prussîns en hourreur.
En mil huit cent quinze, en pllein dans lou velaige
L'en aivâ trouâ dous dans sai grange ai fourraige,
Même que lou pus vêil raillait toute lai neû,
Et pllourait coume în viau ; Maugy n'ait jaimâs peu
L'aichevâ, bîn que l'ait cougnâ d'aivoû ne mâsse.
Lou lendemain voiqui mon Maugy que raimâsse
Son pic, pou fâre în trou peu las boutâ dedans.
Il creusait in foussâ bîn proufond dans las champs,
Et quand lou soi tombait, et que las caimârâdes
Das tuâs s'en ollînt cuvâ lleus bambochâdes

Y las prend pa las pîs, las traîne su lou doûs
Et las couche au fîn fond di creûx, tout près di Doubs,
De mainère que l'iau s'infiltre pâ las jointes...
Tout ça ç'ost bîn. L'aivâ gaidhâ lou caisque ai pointes
Pou lou montrâ d'aiprès as offans di pays
Lou jou que las Prussîns s'en aurint déguarpis,
Il lou cache, Y ne sâs laivou, dedans sai cave.
  Pus de dix ans aiprès Maugy faisait lou brave
Et pâlait de sen caisque; en li riait au nâ...
Lou voiqui que dascend ou mitan d'în dinâ
Pou lou trouvâ laivou l'aivâ boutâ... Brenique!
Lou caisque aivâ filâ !

                        Aiprès c'étâ ne pique,
Las gaichons se moquînt de lliu... Maugy raigeait.
« — T'és rêvâ mon peteut! » que li disait Rouget.
« — Te t'és fourrâ las doigts dans las œils, » disâ Gllaude.
« — T'és, mon poure gaichon, in cudot dans tai bllaude, »
Que d'autres li disînt. Maugy qu'aivâ prou bu
Champait son varre pllein ai lai tête ai Caibu
Que chusait raide môt sans dire enne pairoûle !
Vous comprentes lou brut. Las gens fant enne foûle
Devant l'oùberge; en vînt pou soignâ l'aissoumâ.
Maugy demourâ lai coume în enfantômâ,
Fronçant las œils, boutant sas dous mains dans sas pouches.
Quand lou juge de paix voût li fare reprouches
Pouquoi que l'aivâ, lliu, tuâ sen poure aimi;
Voiqui n'houme, Monsieu, qu'ait tant et tant gémi
Qu'aiprès feillâ-tu pas que lou juge li fuse
Das consolations pou soichî sen éclluse !

Allons, ç'ost bîn. Six mois aiprès l'ost aicquittâ
Pa las assises ; dont il s'en vint r'haibitâ
Chû sas gens, pou gaidhâ sai sœur et peu sen père.
Las offants de Caibu n'aivînt pus que lleut mère.
Il prend tout ça — c'étâ juste — pou las nourrî.
Ai fôche de traivail, Maugy s'aivâ maigri
Au point que Pidancet, lou médecîn de Beure,
Disâ devant las gens : « Y'â bin poû que ne meure ! »
En fîn finale, în jou lou gâdhe de Fontain
S'en ollait de sai pllaice et se fâ sacrestain.
On proupouse Maugy qu'étâ n'houme de tête,
Et lou voîqui noumâ, lou maitîn de la fête,
Y'ait bîn près de quînze ans. Aujed'heu las Caibus,
Que l'ait tous élevâs, sant das houmes bairbus.
Lou pus jeune tirâ lou sôt cette semaînne.

Maugy lou veillâ vô courî lai pretentaine
Et fare lou boucan d'aivou tous las conscrits.
Maugy, que li disoû, rentrâs, gas ! ils sant gris.
Rentrâs donc ! Ran di tout...
                              Mon Dû lai peute histoire...
Y lou quitte et m'en vais darîn chû lai Naitoire
Querî mai fânne. Alors voiqui Caibu que vînt
Pouthant dans în soillot vingt cînq chauvés de vîn,
Tratelant, bousquignant las gens devant l'égllise.
Jeus ! qué raifut ! N'aivâ més pus que sai chemise...
Maugy riâ, Maugy sautâ, Maugy chantâ...
Tout pou lou coup voiqui Caibu que s'ait pllantâ
Coume în grand îmbécile et pou fare lai bête

In caisque de Prussîn pointu dessus lai tête...

. . . .

Maugy dagrîngoûlait sans avoi pu bougî.

C'étâ mai fi lou caisque ai ce poure Maugy
Que l'autre aivâ trouvâ dans lou coin de lai cave! »

Les chantres entonnaient un *requiem* grave;
Les fils d'adoption sanglotaient sans savoir.
Et moi qui comprenais cet affreux désespoir
De paysan, tué par son bon cœur honnête,
J'ai bien retenu tout pour être l'interprète
Du langage naïf de mon voisin.
                                              Depuis
Maugy repose en paix à l'ombre d'un grand buis
Que souvent le passant par la grille regarde;
C'est là près de Cabu que dort notre vieux garde.

L'ANE DE POUILLEY-LES-VIGNES

C'eta pou d'aiprès lai moisson,
In Poüilleris et peu sai fânne
Ollînt ai lai foire ai B'sançon
Trîmbalant d'aivou llius leut âne,
In bé ministre ai poi roussot,
Su lai route, dans lou poussot,
Au clliâ d'în vrai souloil d'Aifrique...
Las gens disînt que lou moins sot
Das trôs, c'etâ cou lai bourrique,
Que c'tu que méritâ lai trique

C'êta pas lai bête au licou...
Main las gens faisant toujou
Das apologes su las autres
Das fois mû que lleus patenôtres.
Las Pouilleris laissînt bllaiguâ
Sans s'en baillie autrement gâdhe,
Et continuînt ai vouguâ.
Aiprès s'aivoi bîn bourlinguâ
L'houme disait : « Oh fânne, ergaidhe
« Se nous mingîns qui nout gousé ?
« Y a l'estoumaic tout ragusé
« Pai lou pousserot de lai route ;
« Et peu voiqui l'âne que broute
« Las pisselés, ç'ost bîn aisé
« De cassâ coument lliu lai croûte. »
Lai fânne aivâ justement soi :
« T'és raison, que l'ait dit, mai foi !
« Nous vans aittaichîc ai cet ôbre
« Lou ministre iqui darîn moi. »
Lai Jeannotte n'êtâ point sobre,
Et pou se darouillâ las dents
Olle mîngeait pendant longtemps,
Et levait bîn dix fois lou coûde.
Chû las Pouilleris ç'ost lai moûde.
Aiprès que l'ant mingie et bu
S'en ollînt dacrouchî leut bête,
Mais voiqui bîn d'une autre fête !
Lai bourrique aivâ disparu,
Ai sai pllaice in groûs malôtru

In gouillant, loyî pai lai tête,
Broutâ las feuilles de naivette !
Lai Jeannotte sentait sas pois,
Drossas coume in fagué de bois,
Lou cœur y touquâ dans lou ventre ;
« Ç'ost lou dîale southî de l'antre
« Qu'olle disâ, nous sans poudhus ! »
— Las poures gens n'y étînt pllus.
Câ pendant que cassînt leut trique
De pain, trempâ dans lai boisson,
Das voulous raiflînt lai bourrique
Pou l'ollâ venre ai Besançon,
Et laissînt qui dans lou buisson
Lou pus bé phrasou de leut bande,
Pou engaigî las Pouilleris.
Ait retouniâ dans leut logis,
En cas que l'y faisînt demande.
Lai Jeannotte au bout d'în mômont,
S'ayant railliu lou sentiment,
S'aipprouchait de ce mâchant diâle
Que freguillâ qui coume în miâle,
Et l'y demandait pouliment,
Se n'aivait pas pa lai vu l'âne.
« Si fait bîn que l'y fait l'auquel,
« Vout âne ç'ost moi, poure fânne,
« Que pour în grous péché mourtel
« Lou bon seigneur Jésus dou ciel
« Aivâ mis dinquîn dans lai crotte,
« Su lai paille, dans lou matras.

« Ollâs ! ce n'ost pas l'embarras
« Main Y a bîn, su lai foussotte,
« Reçu pus de coups de routîn
« Qu'Y n'a mîngî de picoutîn. »
En aicoutant lai raicountote
Lai Jeannotte disâ : « Matîn ! »
Et pllourâ dans son devantîn,
In pou de ce qu'y countait l'houme,
Main bécoup pus coû de lai soume
Qu'ils ollînt pâdhre ou changement.
« Enfîn, qu'olle l'y disait, coume
« Nous ne pians fare autrement
« Ollas vous en tout bounement
« Querî vout païn dans las grands villes,
« Nous nous en vans pou le môment
« Revirî chû nous tristement. »
Et voiqui nous dous imbêciles
Que r'outant au gas sen licou,
Qu'i s'aivâ courroyie au cou
Et peu que l'y soitant bin l'heure
Et su son pain bécoup de beurre.
« Jeannotte, Y vous remachiais bîn
« Que disait lou sapré mailîn
« Et vous itou lai compainie... »
   Main l'histoire n'ost pas fenie.
L'houme et lai fânne se disant :
Tout çouqui n'ost guaire aimusant
Nous faut espouthant vô lai foire
Nous nous en y vans pou lai gloire !...

Et las dous Pouilleris poussînt
Das soupîs coume în pet de vaiche,
D'aivoi poudhu leut vêil roussîn.
L'houme, qu'etâ lou pus gainaiche
Virâ das œils de caipucîn,
Et gourgoussâ dans sai moustaiche,
Si bîn qu'enfin nous dous Jeanjeans
Cloupint-cloupant, dedans las gens
Dreit ou mitan de lai grand pllaice
S'en viniant fare leut grîmaice
Et mairchandâ les ainichons
Las caibes, las viaux, las couchons,
Las penés, las râtés, las raisses,
Las couquelons, las grils, las caîsses,
Las chaudirons ou las pouchons,
Main lâs moi, sans piai ran fare
Ils aivînt vu leut boursicot
Pairti d'aivou lou bourricot.

Tout pou în coûp dans lai bagârre
Entre dous pouillous, dous gouaipous,
Que le roussînt de tous las boûts
Et l'y pequînt lai pé das fesses,
Voiqui leut âne, que jeta
Las œils dinlai de leut coutâ
Coume pou reqhî lleus caresses...
Las dous mandrîns l'aivint boutâ
Dans las ânons peu las ânesses,
Et çouqui lou faisait sautâ

Jinguâ, ruâ, culbutâ,
Que las gens en aivînt lai frousse.
Quand nous dous Pouilleris l'ant vu
Dansâ, potâ, coume in poudhu,
Lai Jeannotte boquait san pouce.
« Jeus! ç'ot bin lliu ; » qu'olle disait...
— « Oh oué! que sen houme faisait,
Main l'ait cou changi de culotte
Pou lou coûp Y lou crais fichu...
— « Mon Dû que l'y dit lai Jeannotte
Gas! Lou poure diâle ait rechu! »

SOUNET

Çouqui ç'ost men sounet pou fremâ lai boutique
Lou pus pire airgounîe en fâ bîn dous ou trôs,
Pou lou dire Y dâscends di haut das Tillerôs
Et vîns me pousâ qui pou mû fare l'airtique.

N'eussâs pas poû las gens de virie en bourrique
Se vous lûtes das vers que fant sauvâ las crôs,
Car, se las mouts sant durs et plleins d'empaturôts,
Lai touniure ait tâchi d'en être pouétique.

Se queuque vigneron voût las lire lou soi,
Que s'en olle, devant, dacrouchîe ai lai caive
Dous ou trôs bons chauvés de vin ou de genieve,

Et peu prenne d'aiprès lou bouquin duvant soi.
Y seu sû mas aimis que faurrait que l'aichève
Se lou lit, en beuvant tant que n'airait pu soi.

TABLE

BESANÇON

IMPRIMERIE DODIVERS ET Cie

87, GRANDE-RUE, 87

www.ingramcontent.com/pod-product-compliance
Lightning Source LLC
Chambersburg PA
CBHW051726090426
42738CB00010B/2105